KB074353

에펠 스타일

LE STYLE EIFFEL by MARTINE VINCENT

Copyright © 2011, Éditions de La Martinière
Korean translation copyright © 2014, Mimesis Co.

This Korean edition is published by arrangement
with Éditions de La Martinière, Paris.
All rights reserved.

이 책은 실로 꿰매어 제본하는 정통적인 사철 방식으로 만들어졌습니다.
사철 방식으로 제본된 책은 오랫동안 보관해도 손상되지 않습니다.

에펠 스타일

마르틴 뱅상 글 · 브리지트 뒤리외 구성

배영란 옮김

미메시스

들어가는 글

에펠탑의 역사가 이뤄진 건 어느 순간부터일까? 에펠탑의 네 다리가 땅
위에 세워진 그때일까? 1887년, 맨 처음 네 다리를 올리기 시작할 그 무렵,
예술가들은 술렁거렸다. 산업화가 이뤄지고 철재의 사용이 본격화되자,
이에 맞선 시대의 고민이 불거진 것이다. 〈그저 교량을 쌓아 올린 것에
지나지 않는 하나의 탑일 뿐인데, 말들이 너무 많은 것 아닌가?〉 에펠은
이렇게 핵심을 꼬집는다. 근대 건축 운동도 그 신조를 되풀이하며 그의
말에 손을 들어준다. 〈건축의 심미성에 대한 첫 번째 원칙은 한 건축물의
기본 윤곽이 그 완벽한 기능적 합목적성에 의해 결정된다는 것이다.〉
아니면 에펠탑이 완성된 날부터일까? 고위층으로부터 온갖 불평불만을
다 들은 에펠탑이었지만, 세상에 공개된 에펠탑은 엄청난 대중적 성공을
거둔다. 만국박람회가 개최된 6개월간 에펠탑은 전 세계의 모든 전시관
위에 군림하며, 과학기술의 진보를 찬양하며 한 시대를 빛냈다.
혹은 새로운 세대의 예술가와 건축가들이 디자인과 장식의 측면에서까지
에펠탑을 찬양하고 나선 때였을까? 사실 이들 덕분에 에펠탑은 그 위상이
바뀌면서 근대성을 대표하는 요소 중 하나가 되었다. 그때까지만 해도
음지에 숨어 있던 철골 구조물들은 에펠탑 덕분에 그 모습을 드러내었고,
에펠탑을 계기로 하나의 새로운 건축 양식이 세상의 빛을 보았으며, 그
과정에서 리벳은 핵심적인 기본 요소가 되었다.
에펠탑이 파리의 상징이 되었을 때는 어떠했는가? 1950년대, 크리스찬
디올의 모델들은 에펠탑 앞 트로카데로 광장 위를 런웨이 삼아 걸었다.
2010년에는 명품 브랜드의 뮤즈들이 에펠탑에 올랐고, 향수 광고의
스토리는 에펠탑의 철골을 레이스 장식으로 휘감으며 전개된다.
에펠탑은 대상을 더욱 빛나게 만드는 장식 효과를 만들어 냈고, 파리를
대표하는 건축물이자 우아함과 〈아르 드 비브르 *art de vivre*〉의 상징이
되었다.

" 시선이자 오브제이며 하나의 상징인 탑은 인간이 여기에 가져다 놓는 모든 것이며, 이 전체는 무한하다. 보여지는 대상이자 바라보는 주체이기도 한 탑은 아무런 용도가 없으면서도 대체 불가능한 건축물이고, 친근한 세계이자 역사적 상징이며 한 세기의 증인이고, 늘 새로운 기념물이다. 또한 모방할 수 없는 오브제이면서 끊임없이 복제되는 상품이며, 모든 시대와 모든 이미지, 모든 감각에 대해 개방된 순수한 기호이고, 아무런 제약이 없는 자유로운 은유이다. 탑을 통해 인간은 자신에게 속한 자유인 〈상상력〉이라는 이 위대한 기능을 유감없이 발휘한다. 아무리 암울한 시기라고 해도 인간이 자유를 박탈당한 역사는 한 번도 없었으니 말이다. "

— 롤랑 바르트Roland Barthes, 『에펠탑La Tour Eiffel』, 1964년.

끝으로 우리의 상상력을 자극하는 에펠탑이 하늘을 향한 또 하나의 몸짓으로 형상화되었을 때는 어땠을까? 사실 이 모든 상황들이 한데 모여 에펠탑의 기원을 만들어 내었으며, 어떤 상황에서든 에펠탑은 항상 그 고유의 실루엣과 함께 네 다리는 바닥에 붙이고 별을 향해 고개를 빼어든 채 위풍당당한 모습으로 하늘과 동등한 위치에서 마주했다. 정치적으로든 심미적으로든 여론을 양분하기에 충분한 모든 걸 가진 에펠탑은 보편적인 가치를 중심으로 사람들의 의견을 모은다. 연대기적 접근 역시 에펠탑의 절대적 우위를 확인시켜 준다. 에펠탑이 지내온 모든 시대를 통틀어 보면 에펠탑은 단연 독보적인 철재 구조물의 1인자였다. 에펠탑을 수식하는 그 모든 통계적 수치와 엄청난 기록을 떠올려 보라. 최상급의 행렬이 이어진다. 가장 높은 기념물, 가장 사진이 많이 찍힌 기념물, 가장 많이 본떠지고 재생산된 기념물, 연간 방문객

6백만 명 이상으로 가장 많은 사람들이 방문하는 기념물이라는 타이틀을
보유한 에펠탑은 언제나 늘 1위 자리를 고수한다. 또한 에펠탑은 계단
하나까지도 경매 시장을 가야 구할 수 있는 몇 안 되는 기념물 가운데
하나이다. 희소성이 높은 기념물이라는 점을 나타내 주는 절대적
기준이다. 뿐만 아니라 인간이 무모한 도전을 하지 않을 수 없게 만든
치명적 매력의 기념물이기도 하다. 1912년에는 인간 새라고 불리던
사람이 고공점프를 시도하다 목숨을 잃었고, 1923년에는 기자 한
명이 자전거를 타고 1층의 363개 계단을 내려왔다. 1977년에는 골프
황제 아놀드 파머Arnold Palmer가 환상적인 드라이브 샷을 날렸으며,
1983년에는 어느 영국인 부부가 낙하산을 타고 뛰어내렸고, 2010년에는
롤러스케이팅 챔피언 타이그 크리스Taig Khris가 인라인 스케이트를
신고 에펠탑 1층에서 뛰어내려 12m 가량을 자유낙하한 뒤 경사로를
타고 착지했다.

100세를 넘긴 에펠탑은 지금도 삶을 이어가며 변화하고 발전한다.
이탈리아 소설가 디노 부차티Dino Buzzati의 소설집 『르 케이Le K』에
실린 소설 「에펠탑La Tour Eiffel」에서처럼, 그 역사는 계속된다. 탑의
높이가 300m에 다다랐을 때, 설계를 맡은 에펠은 〈구름 위로 솟아오를
때까지, 허술한 집이 안락한 보금자리로 완성될 때까지〉 철근 장선을
하나하나 쌓아 올리라고 인부들에게 지시했다. 〈안개구름 속에 가려져
시내에서 봤을 때에는 그 보금자리가 보이지 않을 것이었다. 우리는
아찔한 천국을 맛보았다.〉

철의 시대

한 시대의 상징인 에펠탑은 산업 양식의 포문을 열어 준 1889년 파리 만국박람회에서 사람들의 관심을 사로잡은 독보적인 건축물이었다.

철과 돌의 대결

19세기, 철은 파리에서 거의 다 퇴출되었다. 사람들은
이를 저속하다고 생각하여 겉으로 드러내지
않았으며, 장식 정도로만 용인하거나 아니면 벽돌
속에 감추어 나무 골조를 대체하기 위한 용도로
사용했다.

파리 시영 장례식장, 오베르빌리에 가, 1874년경. 2008년에 이곳은 문화 예술 공간 〈르 상카트르Le
Centquatre〉로 새롭게 문을 열었다.

사실 철이라는 이 새로운 재료는 기존의 관념을 뒤흔드는 것이었다. 기존에 굳건히 자리 잡혀 있던 건축계의 질서에 문제제기를 했기 때문이다. 베르나르 마레Bernard Marrey에 따르면, 19세기와 20세기 초반 건축가들과 여론, 특히 당국자들의 의견을 분열시킨 논제는 바로 〈철이라는 재료를 안으로 숨길 것인가, 아니면 겉으로 드러낼 것인가〉였다.[1]

논쟁은 19세기 내내 서로 대립했던 두 건축 학설, 절충주의와 이성주의의 대립으로 두드러진다. 절충주의는 예술 및 건축의 역사로부터 다양한 시대의 여러 가지 양식을 채택한 요소들을 결합하려 든다. 이성주의는 재료의 틀에 종속되며, 건물을 세움에 있어 시대의 요구에 맞는 건축의 기본 원칙을 찾고자 한다. 토목 기술자들의 건축을 좋아하고 옹호하는 사람들은 대개 이성주의 건축주의자들이다. 그리고 이들은 열세가 아니었다. 따라서 소설가이자 예술 비평가인 조리스카를 위스망스Joris-Karl Huysmans는 한 재료의 새로움에 대해 이렇게 표현한다. 〈파리의 북역과 레 알(과거 파리 중앙 시장), 라 비예트 가축 시장 등을 건설했던 토목 기술자 및 건축가들은 기존의 예술만큼이나 고귀한 새로운 예술을 창조했다. 이 시대의 요구에 적합한 지극히 동시대적인 예술, 석재와 목재 등 지금까지 땅에서 제공된 원시 재료들을 거의 모조리 배격하고 공장과 제련소에서 주철의 가벼움과 위력을 차용하며 완전히 변모한 예술을 만들어 낸 것이다.〉

도서관에서부터 레 알 지구에 이르기까지, 철의 사용은 서서히 확대된다. 나폴레옹 3세가 건축가 발타르Baltard에게 철의 사용을 지시했던 레 알 지구에 대해 에밀 졸라Emile Zola도 『파리의 복부Le Ventre de Paris』에서 다음과 같이 언급했다. 〈지붕 사이사이 움푹 패인 곳에서 선잠을 자고 있는 그늘은 기둥 숲을 늘리고 가녀린 잎맥과 칸칸이 나뉜 회랑, 투명한 덧창을 무한정 넓혀 간다. 어둠이 짙게 깔린 도시 위로는 온통 풀숲과 꽃밭이 펼쳐진다. 세차게 뻗어 오른 줄기와 서로 꼬이고

엮인 가지 등 흉물스럽게 만개한 금속의 풀숲과 꽃밭은 고목나무 이파리의 가벼움으로 세상을 뒤덮는다.〉

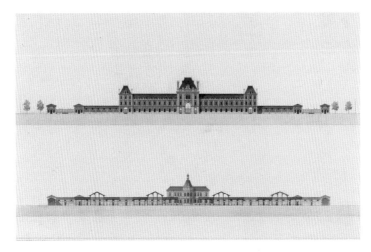

19세기에는 산업혁명에 따라 제철 기술의 발전이 두드러졌다. 철을 사용한 건축이 꽃을 피웠으며, 레 알, 기차역, 물류 창고 등은 철과 유리의 결합을 즐겨 사용했다. 가벼움과 투명성을 이용한 새로운 건축 기술이 탄생한 것이다. 과거 공장으로 사용되던 곳은 오늘날 대형 로프트로 개조된다. 위: 가축 시장 초안, 샤를 가르니에Charles Garnier, 1859년경.

위: 1852년과 1936년 사이 건축가 발타르가 구축한 파리 중앙 시장 〈레 알〉. 1970년대에 철거된 이곳에는 오늘날 파리 최대의 상업 지구 〈포럼 데 알Forum des Halles〉이 들어섰다.

옆면: 몽트뢰이수부아Montreuil-Sous-Bois에 소재한 예전 공장을 어느 부부가 복합적 주거 및 작업 공간으로 개조했다.

1937년 파리 국제박람회. 백조의 섬Île aux cygnes에서 찍은 에펠탑.

오딜롱 카바Odilon Cabat, 기욘하자

에펠탑의 사랑스러움은 아무런 쓸모가 없다는 데에 있다.
오로지 보여지기 위해서 만들어진 건축물이라는 것이다.

파리의 모든 기념물들 가운데, 에펠탑은 가장 쓸모없적이다. 에펠탑은 종교적 혹은 군사적 건축물도 아니고, 아무런 용도도 갖지 않은 건축물이며, 이게 바로 에펠탑의 사치이다. 그럼에도 에펠탑은 굉장한 상징들로 충만하다. 에펠탑은 상드마르스Champ-de-Mars 공원 위로 우뚝 선 선암화와 만국박람회의 상징이며, 프랑스 혁명을 기념하는 건축물이기도 하다. 모든 기술적 노하우가 집적된 결정체인 에펠탑은 그러나 돌나네가카다. 보이는 19세기 주시계처럼 투명하다. 그래서 에펠탑은 약하지 않을가성을 정도의 가벼움이 느껴진다. 하지만 한데 모여 국가의 단결을 나타내는 내 다리에서는 그 무엇보다 뿌어낸 힘이 힘이느끼는 하늘과 땅 사이를 이어 주는 하나의 다리이다. 카스타브 에펠 또한 탑이 제일 꼭대기에 자신의 사무실을 마련했다는 사실을 명심하자. 에펠탑은 쉴 베르나 공상 과학에서 나는 꿈에 과학이 결합된 것이다.

교량과 가옥

귀스타브 에펠의 르발루아페레Levallois-Perret 건축
사무소는 도로 및 철도 건설을 위한 대규모 건축물
제작으로 먼저 명성을 얻었다. 파리 지하철이 지나갈
수 있도록 센 강 위로 설치된 여러 개의 교량도
에펠의 작품이었다.

철근 장선과 가로대 철골 구조를 그대로 노출시킨 교량 건축물. 교량과 고가교는 공중에 높이 떠서
도시를 종횡으로 이어 주며 강의 양안에 길게 뻗어 있다. 사진은 1993-1994년의 도심 풍경, 파리의
전경을 주로 찍는 사진가 장크리스토프 바요Jean-Christophe Ballot의 사진집에서 발췌.

19세기 후반, 도시 인프라가 제대로 구축되지 않았던 옛 프랑스
식민제국은 프랑스 사업가들에게 새로운 판로를 제공해 주었다. 이미
베트남에 진출해 있던 에펠의 건축 사무소는 아프리카와 앤틸리스
제도, 레위니옹 섬 등과도 함께 작업을 진행했다. 식민제국의 도로들은
수풀로 뒤덮인 비포장 도로였고, 사람들은 걸어서 냇물을 건널 수밖에
없는 처지였다. 아직 개발이 채 이뤄지지 않은 이들 국가에서, 에펠의
사무소는 정부와 기업에 대규모 건축물 제작을 제안하고, 에펠이 특허를
보유하고 있던 조립식 교량 건설도 함께 제안한다. 에펠의 사무소에는
늘 재고가 비축되어 있었고, 완성된 건축물은 조립설명서와 함께 부품
상태로 클라이언트에게 인도되었다.

에펠의 건축 사무소는 수많은 금속 건축물도 납품했는데 조립만 하면
되는 〈사전 제작〉 상태의 놀라운 가옥 또한 그중 하나였다. 과들루프에는
아직 그런 가옥 형태 중 하나가 남아 있다. 그 역사가 참 기구한데, 원래는
루이지애나의 어느 부유한 사업가가 자기 딸들에게 주려고 에펠의

파리 만국박람회에서 크게 성공을 거둔 에펠은 이후 한 대규모 건설 프로젝트에 참여했으나, 이는 결국
미완으로 그치고 만다. 파리 시내 철도 사업이 바로 그 프로젝트였는데, 지금은 설계 초안 밖에 남아 있지
않다. 중앙 시장과 일반 시장, 기차 역사 등은 제2제정 시기에 작업이 이루어진 주요 건축 사업이었다. 철은
오늘날 시간을 초월한 건축물의 상징이다.

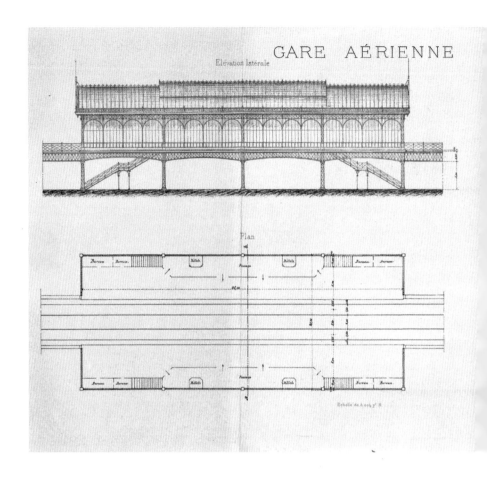

GARE AÉRIENNE

Elévation latérale

Plan

작업실에 가옥 두 채를 의뢰했던 것이란다. 1876년 프랑스에서 이들 가옥 두 채를 싣고 뉴올리언스로 떠난 배는 항해 중 훼손된 부분을 수리하기 위해 과들루프의 푸앵타피트르Pointe-à-Pitre로 향한다. 그리고 안타깝게도 선장은 그 수리비를 지불하기 위해 배의 화물을 팔 수밖에 없었다. 가옥 두 채 가운데 하나는 〈제발로스의 집〉으로, 제당 공장 주인이 사들인 것이었다. 오늘날에는 (서인도제도 식민지 시대의 의복 및 생활 양식에 관한 전시를 하고 있는) 생존 페르스Saint-John Perse 박물관으로 쓰이고 있다. 섬에 남아 있는 크레올(서인도제도 식민지) 건축물 가운데 가장 아름다운 가옥 중 하나인 이 집은 열대 삼림과 완벽하게 조화를 이루고 있으며, 얇은 기둥이 규칙적으로 늘어선 경쾌한

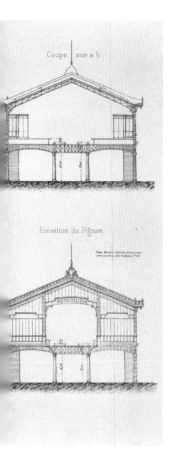

Coupe sur a b

Elévation du Pignon

METROPOLITAIN

옆면: 1890년 4월 19일 선보인 에펠 건축 사무소의 중앙 전철 사업 초안.
위: 1946년의 파리 북역 「가르 뒤 노르」, 사진은 르네 지통René Giton.

금속 철골이 돋보이는 건축물이다. 나머지 하나는 사탕수수 대농장
주인의 공장 옆에 설치되었는데, 철골과 붉은 벽돌로 만들어진 집은 철제
발코니가 주위를 빙 둘러싸고 있고, 얇은 기둥이 그 아래를 받치고 있다.
이 집은 현재 식당으로 개조되어 사용 중이다.

첨단 기술의 표본, 만국박람회

만국박람회는 시대의 창이다. 세계 각국은 이
자리에서 저마다의 기술적 쾌거를 선보였다.

1889년 5월 15일. 파리에 온 전 세계 방문객들이 샹드마르스 공원으로 몰려들었다.
에펠탑은 거대한 박람회장 위로 위용을 떨치며 군림했다.

1851년 런던 만국박람회는 최초의 대형 산업기술 전시회였다. 만국박람회의 개최를 위해 철과 유리를 이용하여 불과 몇 개월 만에 만든 수정궁은 호화로움의 극치를 달리는 건축물로, 박람회장에서 가장 많은 스포트라이트를 받았다. 수정궁은 건축 자재의 유연성과 대규모 조립식 건물의 성공적인 가능성을 입증해 보였다. 7만㎡ 넓이에 주철 기둥으로 세운 수정궁은 철골 트러스 구조와 성 앙드레 십자가*croix de Saint-André* 모양의 X자형 그루브로 짜여 있었고, 표면은 모두 유리로 만들어져 상당히 인상적인 외관을 하고 있었다. 그리고 이 모든 게 해체 가능한 조립식 건물이었다. 어떻게 하면 이보다 더 훌륭하고 아름다우며 고급스러운 건축물을 만들 수 있는가?

> **1889년의 파리 만국박람회는 프랑스 혁명 100주년을 기념하기 위한 것이었다. 따라서 이례적인 기념물 건립 사업이 시행되고, 이 기념물은 세계에서 가장 높은 기념물이 될 것이었다.**

1855년 파리에서 개최된 만국박람회의 경우, 철골 건축물인 산업관이 대중을 사로잡은 덕분에 박람회의 소기의 목적을 달성한다. 1889년의 파리 만국박람회는 프랑스 혁명 100주년을 기념하고 경제를 부흥하기 위해 이례적인 기념물을 전시하여 신기원을 열고자 하였다. 이를 위해 동원된 것이 (에펠이 설계를 맡았던) 기계관과 에펠탑의 건립이다. 이는 정점에 달한 철골 구조 건축의 발전상을 명백하게 보여 준다. 세상을 놀라게 할 탑에 대한 생각이 확장되던 시기, 이 프로젝트는 과학의 미래와 건축물에 매료된 한 시대에 때마침 시의 적절하게 등장한 것이었다.

건축가 에펠은 52세의 나이에 화려한 커리어를 갖춘다. 에펠이 만든 수많은 건축물들은 그의 기량이 어느 정도인지 확인시켜 주었으며, 스위스와 러시아, 포르투갈 등지에서 대규모 공사를 이끌었던 그는 자유의 여신상 내부 골조 설계에도 참여했고, 부다페스트 역도 에펠의 작품이었다. 특히 온통 금속으로 만들어진 부다페스트 역의 경우, 철골 구조를 가리기 위한 신고전주의식 파사드 처리는 하지 않았다. 에펠은 또한 교량 엔지니어로도 유명한데, 그 중에서도 특히 하노이 다리, 보르도 가교, 가라비 고가다리 등이 그의 작품이다. 이들 교량 제작을 위해 에펠은 사전 제작 구조를 개발해 냈다. 모든 건 르발루아에서 만들어진 뒤, 이후 현지로 운반되어 마치 조립식 완구인 메카노를 맞추듯 현장에서 조립이 이뤄진다. 따라서 현지에서 할 일이란 부품을 조립하는 일뿐이며, 작업은 건물을 구축하는 방식이 아닌, 두 개의 부속품을 완벽하게 이어 붙이는 형태로 이뤄진다. 이렇게 만들어진 교량은 전 세계 어디로든 해체된 부품의 형태로 판매될 수 있었으며, 조립 설명서가 들어 있어 조립은 매우 빠른 속도로 이뤄질 수 있었다.

스페인과 포르투갈, 알제리, 그리고 루마니아에서까지 에펠은 두 개의 강 사이를 잇는 철교를 놓았으며, 아찔한 계곡과 깊은 강물 위로 놓인 다리는 가느다란 기둥이 받치고 있는 형태였다. 1884년에 축조된 가라비 고가다리는 에펠탑의 전신으로, 추후 에펠탑의 실루엣과 기본 구조를 가늠케 한다. 이를 통해 우리는 에펠의 과감함이 어느 정도까지 나아가는지도 짐작할 수 있다.

> **기계관과 에펠탑의 건립은 정점에 달한 철골 구조 건축의 발전상을 명백하게 보여 준다.**

철골 건축물로 유명해진 에펠은 이제 최악의 숙적인 바람을 어떻게 다스려야 하는지 알게 됐다. 그가 갖추고 있는 엔지니어로서의 자질과 그의 머릿속에 든 생각들은 그 당시 산업혁명의 맥락에 더없이 꼭 들어맞는 것이었다. 상무장관이 아이디어 공모전을 개최하여 〈125㎡의 정사각형 기단에 높이 300m의 철탑〉 구상안을 참가자들에게 제안했을 때, 에펠은 이미 만반의 준비가 된 상태였다.

귀스타브 에펠이 내부 골조를 만들었던 자유의 여신상(옆면). 고가다리의 건설에 사용된 것과 같은
단순한 철탑 구조 사용. 1889년 만국박람회를 위해 건축가 뒤테르Dutert가 제작한 기계관에서도 이 같은
철탑 구조를 엿볼 수 있다(위). 이는 기술과 산업의 승리였다.

프랑스 누아지엘Noisiel에 있는 므니에Menier 초콜릿 공장은 산업 건축의 훌륭한 일례다(오른쪽).
1860년 건축가 쥘 솔니에Jule Saulnier가 에펠과 함께 건축한 므니에 초콜릿 공장은 현재
네슬레 프랑스의 사무실 건물로 쓰이고 있다.

건축가 에펠은 철의 마법사로서 새로운 양식을 개척한 선구자가 되었고, 동시대 건축가들에게 영감을 준다. 2010년 상하이 엑스포에서 건축가 자크 페리에Jacques Ferrier가 만든 프랑스관의 경우, 외부의 철제 구조물이 내부의 모습을 그대로 투과시켜 보여 준다(왼쪽).

위: 1964년 마르크 리부Marc Riboud가 찍은 에펠탑.
옆면: 가라비 고가다리, 1882-1884년 귀스타브 에펠사가 건축. 교량 건축의 전문가인 에펠은
에펠탑을 제작할 때에도 교량을 제작할 때와 원칙적으로 동일한 건축 기술을 적용했다.

에펠탑의 탄생

곳곳에서 여러 개의 프로젝트가 쏟아지며 치열한
경쟁이 이뤄졌다. 1874년에 이미 필라델피아
만국박람회에서 높이 300m 이상의 탑이 구상된다.

센 강변에서 기초 공사의 기반을 다지려면 먼저 안정된 지면까지 파고 들어가야 한다. 지면을
굴착해 나아가며 침해 들어가는 철제 방수 잠함을 이용하여, 인부들은 수면 아래에서 작업하며
아래로 깊게 파 들어가 바닥을 평평하게 고르는 정지整地작업을 할 수 있다. 그림은 주간 신문
「파리 일뤼스트레Paris illustré」 1887년 4월 30일자에 게재된 일러스트.

프로젝트 입안자들은 이 탑을 또 하나의 바벨탑으로 소개했다. 〈가장 최근에 세워진 신생 국가로서, 우리는 미합중국의 탄생 100주년을 기념하기 위해 탑을 하나 세우고자 한다. 사람들의 언어가 섞이던 당시 구축된 바벨탑은 햇빛에 건조시킨 진흙을 쌓아 올려 지었는데 높이가 47.5m에 채 도달하지 못했었다는 게 믿을 만한 주장이다. 우리가 세울 환상적인 철탑은 꼭대기의 높이가 304.8m까지 올라가며 한 눈에 들어오는 구조물로, 여러 시대에 걸친 과학과 예술의 발전상을 두드러지게 보여 줄 것이다.〉 거대한 탑을 세우겠다는 이 꿈은 최종적으로 실현되지 못한 채 계속해서 사람들의 머릿속을 괴롭히다가 마침내 에펠탑의 축조로 현실이 된다.[2]

모든 탑 중에서도 으뜸이 되는 〈태양의 탑〉 구상안을 품고 미국에서 돌아온 토목 기술자 세비요Sébillot는 건축가 쥘 부르데Jules Bourdais와 손을 잡고 300m 높이의 석탑을 구상한다. 화려하게 장식을 하고 제일 위에 커다란 등대를 설치할 계획이었으나, 기념물의 무게가 지나치게 무겁고, 기초 공사 단계 역시 복잡할 것으로 추정됐다. 더욱이 바람에 대한 저항력도 약한 편이었다.

1884년, 르발루아페레에 있는 에펠의 작업실에서는 엔지니어 쾨슐랭Koechlin과 누기에Nouguier가 철골 트러스 구조가 정상에서 합쳐지는 형태의 거대한 철탑 스케치를 에펠에게 제출한다. 매 50m마다 기단으로 연결된 철탑이었다. 에펠은 〈관심 없다〉고 하면서도, 엔지니어들에게 그에 관한 연구를 계속하도록 장려했다. 여기에 흥미를 가진 회사 내부 소속 건축가 스테판 소베스트르Stéphan Sauvestre가 이들과 합류하여 함께 프로젝트를 다시 손질한다. 탑의 밑단을 벽돌 구조로 설계하고, 네 개의 다리 사이사이는 아치형 구조를 추가한 그는 1층에 유리로 된 회랑을 집어넣어 관객을 맞이하기 위한 공간을 마련한다. 이렇게 〈장식〉이 가미된 기획안은 에펠의 동의를 얻어내고, 에펠은 직원들로부터 특허를 사들인다.

고층 탑 건설과 관련하여 제출된 700개의 기획안 가운데 18개가
걸러졌고, 마침내 에펠의 기획안은 부르데의 기획안을 제치고
승리를 거머쥔다. 부르데가 막판에 건축 자재를 철 대신 화강암으로
바꾸었음에도 결과를 뒤집지는 못했다. 토목 기술자 기관에 프로젝트를
소개하던 에펠은 자신의 기획안에 대해 〈토목 기술자의 현대적 기술을
구현하고, 산업과 과학의 시대를 상징하는 것〉이라고 내세우고, 언론에서
이를 대대적으로 보도하게 만들었다. 에펠은 탑의 실용성도 내세웠는데,
과학 실험이나 기상 실험에 있어서도 에펠탑이 유용하게 쓰일 것이란
주장이었다. 하지만 최후의 카드는 애국심을 자극하는 것이었다. 한 층
한 층 올라가는 에펠탑이 과학 혁명기와 1789년 대혁명 시절의 프랑스를
다시금 인식하게 해주는 기념물이 될 것이기 때문이다.

> 20년 수명으로 만들어진 에펠탑은 철거될 운명에
처해 있었다. 하지만 에펠이 시도한 과학 및 통신 실험
덕분에 에펠탑은 철거 위기에서 구제되어 제2의 인생을
시작한다.

에펠은 공모전에서 우승을 거머쥐고, 공사는 1887년에 시작된다.
설계도는 단순하고 간단한데다 독창적이었다. 3분의 2 가량은
르발루아페레의 작업실에서 맞춰지고 번호가 매겨졌으며, 이후 고작
300명의 인부만을 동원하여 현장에서 최종 조립된다. 에펠의 기법은
성공적이었다. 채움과 비움이 교차하며 공중을 수놓는 거대한 메탈
레이스 장식 같은 건축물을 실현시켰기 때문이다. 게다가 에펠의
작품은 더없이 훌륭한 정교함을 보여 준다. 네 기둥 사이의 연결이
거의 밀리미터 단위로 이뤄졌기 때문이다. 따라서 에펠은 공사가
마지막까지 차질 없이 진행될 수 있으리란 점을 알고 있었다. 공사
기간의 지체 없이, 그리고 아무런 사고 없이, 에펠탑의 공사는 24개월
후 최종 마무리되었다. 에펠탑이 성공을 거둠에 따라 철의 위상이

높아지고, 우아함과 투명성을 살릴 수 있다는 특성 덕분에 철은
사람들에게 인정받는 건축 자재로 거듭난다. 건축의 형태적 쇄신이
이뤄진 것이다. 이로써 에펠은 모두에게서 그 능력을 인정받고, 자신의
상상력과 노하우를 온 세상에 드러낸다. 〈에펠이 만들어 낸 작품은
그 자체로 기념물이다. 기술적 측면에 있어서의 기념물이자 후대로
이어지는 기념물이며, 진보적 측면에 있어서의 기념물이다. 그의 작품은
만국박람회의 꽃이자 도시의 상징이 되었다.〉 1980년, 건축가이자
토목 기술자인 베르트랑 르무안Bertrand Lemoine이 『건축과
엔지니어들L'Architecture et les ingénieurs』에서 쓴 말이다. 그로부터
20년 이상을 더 거슬러 올라가면 르 코르뷔지에Le Corbusier 역시
엔지니어 에펠의 심미성에 찬사를 보낸다. 르 코르뷔지에는 이미 여러
저서와 디자인을 통해 에펠에게 오마주를 보내던 인물이었다.

네 개의 철근 장선은 비스듬히 이어지며 정상에서 하나로 합쳐지고, 그 사이사이 중간에는 수평적 부품으로 연결된다. 하여 이 전체는 아래로 벌어진 나팔 모양의 형태를 하고 있어 바람에 대한 저항력을 높여 준다. 이는 철제 가교의 철탑 구조에서 직접적으로 영감을 얻은 에펠탑의 기본 도안으로, 에펠사의 엔지니어인 누기에와 쾨슐랭이 고안해 낸 것이었다. 이후 이 스케치 단계의 초안은 에펠사 소속 건축가 스테판 소베스트르에 의해 수정된다. 스테판 소베스트르는 기둥 부분에 거대한 아치 형태를 접목시키고 1층의 유리 회랑 같은 장식을 추가한다.

> 66 타르와 석탄에서 뿜어져 올라오는 짙은 연기가
> 목구멍을 파고 들고, 망치 아래에서 들려오는 요란한
> 쇳소리가 귓전을 쩌렁쩌렁하게 울린다. … 불과 몇 센티미터
> 굵기에 불과한 받침대 위에서 망치질을 하는 일꾼들은 이
> 사람 저 사람 번갈아가며 차례대로 쇠망치를 두드린다.
> … 마을의 어느 제련소에서 쇠를 버리는 여느 사람들처럼 모루
> 위에서 박자를 맞추며 묵묵히 일하느라 여념이 없다. 다만
> 이들은 위에서 아래로 내리꽂는 게 아니라, 못질을 할
> 때마다 불꽃이 튀는 것과 마찬가지로 그렇게 수평으로 작업을
> 했다. 시커멓게 그을린 사람들은 공중에서 작업을 하는 만큼
> 더 대단해 보였으며, 이들은 마치 구름 속에서 번개를 베는
> 듯했다. 99
>
> ─에밀 구도Émile Goudeau, 기자, 「릴뤼스트라시옹L'Illustration」, 1889년.

1888년 3월, 약 4,200㎡ 면적 위로 에펠탑의 1층이 세워지며 지상 57m의 높이에 도달했다. 1888년 9월, 탑이 점점 높아지고, 2층부터는 탑의 윤곽이 뚜렷해졌다. 기둥 사이를 아치 형태로 연결하고 1층에 유리 회랑을 설치했다. 1889년 3월, 에펠탑이 완공되고 10만 명의 방문객이 탑을 올라갔다.

한 계단, 한 계단
오를 때마다 느껴지는 탐사의 묘미

1889년 파리 만국박람회의 방명록에는 탑의 정상을 향해 천천히 올라가던 한 기자의 이야기가 적혀 있다. 〈우리는 서쪽 기둥의 길고도 긴 계단으로 탑의 등반을 시작한다. 우리가 올라가야 할 계단은 약 400개 정도지만, 올라가는 길이 그렇게 고되지는 않다. 중간 중간 쉴 수 있는 층계참이 많기 때문이다. … 쇠와 강철이 정신없이 엮여 있는 가운데, 울창한 메탈 숲을 통해 올라가는 우리 옆으로 관광객을 가득 실은 (콩발뤼지에Combaluzier에서 제작한) 엘리베이터가 올라간다. 하지만 이 사람들을 부러워할 건 없다. … 엘리베이터를 타고 올라가도 보일 건 다 보이지만, 올라가는 그 속도가 지나치게 빠르기 때문이다. 계단으로 올라가면 우리는 또 하나의 파리가 탄생하는 것을 볼 수 있다. 수많은 사람들이 알지 못했던, 파리 사람들조차 알지 못했던 새로운 파리가 서서히 태어나는 모습이 보이는 것이다. 에펠탑을 한 계단 한 계단 오를 때마다 눈앞에 펼쳐지는 전경을 보고 있노라면, 점점 뒷걸음질 치면서 옆으로 점차 넓어지는 파리의 모습이 느껴진다. 마치 1분 1초 시간이 지날 때마다 수많은 화가들이 캔버스 바탕 가장자리로 쉼 없이 계속 바탕을 이어 붙이는 듯한 형상이다. 우리는 아직 6층짜리 가옥 세 채를 하나하나 쌓아 올린 높이에도 이르지 못한 상태였다. 파리 시가지 전경은 계속 내려앉고, 땅 속으로 꺼지는 듯한 느낌이었으나, 지평선은 점점 눈높이로 올라오며 노을빛에 붉게 물든 자태를 드러낸다. 두 번째 기단에 올라서면 그야말로 장관이 펼쳐진다. 이에 대해서는 더 이상 뭐라 형언할 말이 없다.〉

나선형으로 구부러진 위태로운 계단. 이 계단을 올라가면 탑의 정상으로 통한다. 계단 위에서 귀스타브 에펠이 동료들과 포즈를 잡고 있는 1889년 사진. 해체된 계단의 일부는 경매 시장에 출품되어 높은 경매가를 기록한다.

필립 시몽Philippe Simon, 건축가·도시 계획가

에펠탑의 현대적인 측면은 바로 이 탑이 동일한 상태를
유지하면서도 발전을 거듭할 수 있다는 점이다.

완성된 이후로도 이 탑은 계속해서 변화하고 있다. 에펠의 기술자들은 처음에 꽤 가느다랗고 커다란 기둥기 같은 디자인을 제안했다. 이어 건축가가
소베스트르가 아치형 구조와 1층 공간을 추가하여 장식을 더해 준다. 이에 따라 밑단은 더욱 튼튼해지고, 신비로움이 가미된다. 구조는 이미 꽤
합리적인 상태였으므로, 에펠은 여기에 선명적 오브제로서 탑의 표현력을 살려줄 수 있는 요소를 덧붙이도록 한다. 저층을 통해 에펠은 하늘에
마을을 하나 구축해 놓고 싶었다는 이야기를 한다. 따라서 에펠은 방문객들이 탑 주위의 광장에 마련된 안내소를 거쳐 하늘로 승천하는 기분을 맛볼
수 있도록 했다. 그 당시 이 안내소는 목재로 제작되어 그 아래로는 인조석이 깔렸고, 제일 밑에 위치한 좌대의 재질은 철이었다. 탑을 오르다 보면
마치 신을 오르는 기분이 드는데, 중간중간 만나게 되는 쉼터는 숲속의 산장 같은 느낌이 들 것이다. 이게 바로 에펠탑이 시적인 측면이 아닐까? 철 베드과
마천가지로 이 탑이 시대를 뛰어넘어 존재할 수 있는 한 가지 이유도 바로 이게 아닐까?

처음 만들어진 이후부터 탑은 시대에 부응하며 꾸준히 재정비 작업이 이뤄진다. 2020년경에는 탑을 오르고 광장에서부터 탑이 방문객을 받는
일이 모두 방문객과 직원의 편의를 중심으로 재고되어야 할 것이다. 그렇게 되면 우리는 15시 25분으로 출발 시간을 예약할 수 있을 것이다. 그것도
인터넷으로 말이다. 3층까지 바로 올라가는 엘리베이터는 없으며, 환승을 미리 염두에 두어야 한다. 대합실과 식사 공간, 환승 구간, 탑승 공간을
갖추고 에펠탑을 사람들을 이동시키는 거대한 기구로서 재고해 봐야 한다. 말하자면 공항 같은 곳으로 구상하는 것이다.

외부로 뚫린 복잡한 철골 구조인 에펠탑을 오르면 눈앞이 아찔해지는 경험을 할 수 있다.

옆면: 피에르 자앙Pierre Jahan의 눈 아래 펼쳐진 에펠탑의 계단, 1935년.

위: 누아지엘의 므니에 초콜릿 공장은 산업 양식 건축물의 황금기를 보여 준다.

오늘날 에펠탑은 그 색깔로써 지각되지도, 그 색깔 때문에 인식되지도 않는다. 이제는 단지 그 형태와 높이, 그리고 따라할 수 없는 누군가의 외양으로써, 혹은 그 때문에 그 존재감이 느껴진다.

에릭 길루아르Éric Guillouard, 3D 색채 연구소

파리에서 가장 유명한 기념물인 에펠탑은 1968년 이후로 모두가 공감하는 갈색빛을 띠게 됐다. 도심 풍경과의 조화로움을 위해 선정된 색채이다.

갈색은 전체적인 도심 풍경과의 어울림을 만들어 낸다. 공식적으로 〈에펠탑 브라운〉이라 불리는 이 색깔은 전 세계 어디에서나 파리라는 상징으로 통하는 갈색은 전체적인 도심 풍경이 내는 빛깔에 내는 빛깔로 자연스러운 중립적 색감의 온화함과 단조로움을 퉁기는 도시에서, 에펠탑이

이 기념물에 가장 잘 어울리는 색깔이다. 아마도 에펠탑을 이보다 더 아름답게 꾸며 줄 피부색은 없을 것이다. 하지만 에펠탑은 자신의 탑을 천연

색감으로 구상했다. 전 세계를 받혀 주는 파리의 상징적 색깔을 만들고 싶었던 것이다. 이는 제작자의 과감한 창작 의지가 반영된 색깔이었다.

1887년과 1888년 사이. 금속 소재를 보호하고 표면처리를 하기 위해 이마인우유 황토색 섞어 천연 염료를 기반으로 한 도색 작업이 이뤄진다. 이때의

에펠탑은 베네치아인 레드로 옷이 입혀지고, 이후 1889년에는 갈색 계열이 붉은색이 붉은색과 붉은 황토색(테라코타색)으로 다시 옷이 입혀진다. 녹이슨

색감인 산화철의 적갈색에 재 가깝다. 당때 최고 높이였던 에펠탑은 화려한 이미지로서 빛의 색깔로 웃음 같이있는다. 밑단의

황갈색에서 정상의 밝은 노랑에 이르기까지 다섯 가지 노란색을 단계별로 그라데이션을 준 것이다. 1954년까지 에펠탑은 이 황갈색의 노란 색감을

유지한 뒤, 이어 1968년 다시 처음이 적갈색 웃으로 갈이입는다. 프랑스 사회 내부에서도 혁명이 일어났던 1968년인 에펠탑으로서도 혁명을 겪은 한

해였다. 에펠탑이 갈색빛의 풍경과 조화를 이루기 위한 목적에서 선정된 색깔이며, 에펠탑은 조금씩 주위 풍경에 묻혀 가고 이와 하나가 되어

조화를 이루며, 도심의 배경 속에 녹아들어 간다. 아마도 그 오랜 역사 때문이었을 것이다. 다행히, 색깔은 유행에 민감하고 세상은 돌고 돈다…

에펠탑에
열광하는 예술가들

화가, 사진작가, 소설가 등 수많은 예술가들이 에펠탑을 인격화하여
표현하고 있으며, 《일상적인 삶의 틀과도 사뭇 거리가 있는 순수한 산업
생산물임에도, 갑자기 모든 사람들이 그 무엇과도 닮지 않은 이 독특한
조형물 안에서 그 자신과 비슷한 면을 발견한다.》 오늘날 현대 미술은
에펠탑을 모티브로 하여 무한히 자유로운 상상력의 세계를 표현해 낸다.

하나의 작품을 둘러싼 논쟁

당대의 대표적인 예술가들은 최전선에서 에펠탑을
비난했다. 공사가 시작되자마자 곧 비방이 이어졌다.

짙은 안개 속에서 차츰 파묻히는 파리의 겨울 풍경. 에펠탑 앞으로 발걸음을 재촉하는 네 남자의
뒷모습이 보인다. 1925년경 사진작가 엘제 탈레만Else Thalemann의 눈에 비친 에펠탑이 메탈
레이스 장식을 드러내고 있는데, 사진 속의 탑은 그 무엇보다도 가벼워 보인다.

기 드 모파상Guy de Maupassant, 알렉상드르 뒤마Alexandre Dumas,
샤를 가르니에Charles Garnier, 프랑수아 코페François Coppée
등을 중심으로 예술계와 문학계의 대표적 인물들이 서명한 탄원서는
에펠탑 반대운동을 보다 격렬한 양상으로 몰고 가는 매개체가 된다.
이들은 모두가 한 목소리로 〈수도 한복판에 쓸모도 없고 흉물스러운
에펠탑이 설치되는 것〉에 분개했다. 모파상은 에펠탑이 〈덩치만 크고
볼품 없는 앙상한 뼈대〉라고 주장했으며, 레옹 블루아Léon Bloy의 눈에
비친 에펠탑은 〈실로 비극적인 가로등〉에 불과했다. 1881년만 해도
금속 소재를 이용한 건축 구상안에 찬성했던 위스망스Huysmans도
〈꼭대기에서 신의 접수계 업무가 거행되는 신종 교회의 종탑〉이라는
평을 내놓았다. 오직 폴 고갱Paul Gauguin만이 철골 건축의 심미성을
내세우며 에펠탑의 편을 든다. 〈장식 나사못 등을 이용하여 건축가와
엔지니어들이 새로운 장식 예술의 지평을 열었다. 말하자면 철이라는
소재가 단순한 선형 구조에서 고딕 양식의 철골 레이스 장식으로 바뀐
것이다. 에펠탑에서는 이 같은 측면이 조금 엿보인다.〉
「르 탕Le Temps」에서의 인터뷰를 통해 귀스타브 에펠은 다음과
같이 스스로의 확고한 신념을 피력하며 자신의 탑을 옹호한다. 〈나는
에펠탑이 그 나름의 아름다움을 갖게 될 거라고 생각한다. … 진정한
힘이란 절묘한 조화로움에서 우러나오는 게 아니겠는가? … 그런데 탑의
제작에서 내가 일차적으로 고려했던 건 바람에 대한 저항력이다. 나는
엄정한 계산에 따라 도출된 값으로 만든 탑의 네 모서리가 이루는 곡선이
탑을 한층 더 강하고 아름답게 만들어 줄 것이라 확신한다. … 더욱이
탑의 웅장한 규모는 사람들의 관심을 끌 수 있는 하나의 요소이며, 탑
자체의 한 매력으로 작용한다.〉 기존의 고전적인 양식과 결별한 이 철골
건축의 상징은 작가 헨리 제임스Henry James의 환심을 산다. 1875년
그는 파리 오페라 가르니에의 신축에 반박하고 나선 바 있다. 〈건물의
아름다움과 관련해서 사람들의 의견은 분분할 수 있다. 내 생각에 이

건물은 아름답지 않다. 하지만 이 건물에 상당히 특징적인 요소가 있다는 점만은 그 누구도 부인할 수 없다. 이 건물은 시대의 반영이자 스스로를 만들어 낸 사회의 역사를 말해 준다.〉 작품이 갖는 위력 앞에서, 그리고 그 엄청난 대중적 성공 앞에서 논란은 차츰 수그러든다.

❝ 따라서 우리는 고도 300m 지점에 이르렀을 때 마지막 천장 골조의 윤곽을 잡기보다도 새로운 철근 장선을 계속해서 꼭대기를 향해 쌓아 올린다. 봉 위에 봉을 쌓고 철근 위에 철근을 올리고 장선 위에 장선을 얹으며, 나사못을 조이고 망치질을 하는 가운데, 구름 전체가 이를 가득 메워 조화로운 한 공간으로 만들어 주었다. 그 안에서 특히 우리는 환희의 절정을 맛보았다. … 바로 그때, 우리는 무언가 놀라운 진리를 알 듯 말 듯한 기분에 사로잡히기 시작했고, 신비로움의 이유에 대해 서서히 깨닫기 시작했다. 우리는 스스로 더 이상 조립공으로 느껴지지 않았으며, 실로 우리 자신이 개척자이자 탐사가로 느껴졌다. 우리는 영웅이었으며, 성인이었다. 우리는 에펠탑의 건축이 결코 끝나지 않으리라는 사실을 서서히 깨달았다. 네 발 달린 이 거대한 철탑은 지나칠 정도로 그 몸집이 비대해 보였는데, 이제 우리는 이 탑을 설계한 엔지니어가 왜 이렇게 엄청난 높이의 구조물을 고집했는지 그 이유를 알 수 있었다. 탑의 건축은 영원히 멈추지 않을 것이었으며, 시간이 멈출 때까지 에펠탑은 계속해서 하늘을 향해 올라갈 것이었다. 구름을 넘어서고 폭풍우를 이겨 내며 가우리 상카르 산까지 뛰어넘을 것이었다. 신께서 우리에게 당신의 힘을 빌려 주는 한, 우리는 계속해서 보다 더 높이 철근 장선을 하나하나 쌓아 올릴 것이다. 그리고 우리 다음 세대에서도 우리의 자식들이 계속해서 탑을 쌓아 올릴 것이다. 파리라는 이 평면적인 도시에서는 아무도 이에 대해 모를 테고, 딱한 저 사람들은 그 무엇도 의심하지 않으리라. ❞

— 디노 부차티, 『르 케이』, 1966년.

옆면: 「샹드마르스, 붉은 탑」, 로베르 들로네Robert Delaunay, 1911년.

그림에서 사진까지, 여러 장르에서
예술적 모티브가 된 에펠탑

제대로 에펠탑에 대한 신화가 탄생한 것은 두 번의
세계 대전이 일어난 그 사이의 시기였다. 1889년부터
예술가들은 모든 각도에서 에펠탑을 스케치했다.

건축가 겸 사진작가인 장크리스토프 바요의 작품, 2003년.

조르주 쇠라Georges Seurat, 두아니에 루소Douanier Rousseau, 라울 뒤피Raoul Dufy 등이 이 거대한 금속 구조물을 표현한 작품들은 종교적 상징물의 탄생을 예견하는 것이었다. 그리고 여기에는 근대 미술의 맥이 흐른다. 이에 대해 카롤린 마티유Caroline Mathieu는 다음과 같이 설명한다.[3] 〈1910년대에 이르러 로베르 들로네의 눈과 호기심이 나타난 후에야 비로소 에펠탑의 캔버스 위를 누비는 모험이 시작된다. … 물리적인 형체가 없는 듯한 구조물이 보여 주는 위력과 곳곳이 뚫려있는 그 구조로 말미암아 주위의 전경은 막힘 없이 투과되어 보이면서도

> **66** 공간을 차단하지 않으면서도 공간을 차지하는 최초의 기념물이었던 에펠탑은 화가들이 즐겨 그리는 소재였다. 이들에 이어 오늘날 현대 미술가들은 에펠탑의 아찔한 진망을 실험적으로 보여 준다. **99**

복잡하게 뒤얽힌 모양으로 나타난다. 외부와 내부가 상호 침투하는 것이다.〉 안에서도 밖이 보이고 밖에서도 안이 보이는 구조의 에펠탑은 예술가들에게 추상적 세계로의 문을 하나 열어 주고, 빛과 공간을 분석하는 매체로 작용한다. 들로네는 〈탑을 둘러싸고 새로운 영감이 일어났다〉고 흥분하며 거듭 강조했다. 〈다리, 가옥, 남자, 여자, 장난감, 눈, 책, 뉴욕, 베를린, 모스크바 등과 더불어 에펠탑이 새로운 영감을 자극한다.〉 1910년 맨 처음 큐비즘 양식으로 해체된 에펠탑을 표현한 뒤, 이후 에펠탑을 새롭게 재구성하고 해체하여 파리 시의 하늘 위로 솟아오르는 모습으로 표현한 1926년까지, 그는 파리의 이 기념물을 30여 차례 가까이 캔버스에 담아냈다. 그런 들로네에 대해 블래즈 상드라르Blaise Cendrars는 다음과 같이 표현한다. 〈들로네는 에펠탑을 조각조각 분절한 뒤 자신의 캔버스 틀 안으로 집어넣었다. 그는 에펠탑을 잘라 내고 구부려서 300m 고도의 현기증을 재현했으며, 10개의 시점과 15개의 투시각도를 채택했다. 어떤 부분은 아래에서 위로, 또 어떤

부분은 위에서 아래로 보여지며, 주위의 집들은 우측으로 잡히기도 하고 좌측으로 잡히기도 하며, 조감도로도 잡혔다가 아래에서 바라본 시선으로도 잡히고 여러 각도로 표현된다.〉

〈파리의 목동 에펠이여, 오늘 아침 센 강의 다리들이 양떼같이 울어대는구나. 고대 그리스와 로마 시대에도 지겹도록 겪었을 풍경이로다. …〉 시집 『알코올』에서 기욤 아폴리네르Guillaume Apollinaire는 에펠탑의 현대성을 찬양한다. 파리의 다리와 다리 사이 한 가운데 우뚝 선 에펠탑은 다리들을 이어 주는 연결지점처럼 보이고, 파리를 굽어 살피는 듯한 그 익숙한 실루엣의 그림자는 도심의 강변과 샤갈의 「신랑신부」(1938년경)를 이어 준다.

위: 엘제 탈레만의 「건축적 단편」, 1925년경.
옆면: 현대 미술가 카트린 브나스Catherine Benas의 콜라주 작품.
전위적인 화가 및 사진작가들은 너 나 할 것 없이 에펠탑에 매달렸으며, 이들에게 있어 에펠탑은
프레임 속에 대상을 배치하는 연구 주제였다. 이들은 추상적이고 시적이며 초현실적인 형태로써
빛과 대비를 자유자재로 표현한다.

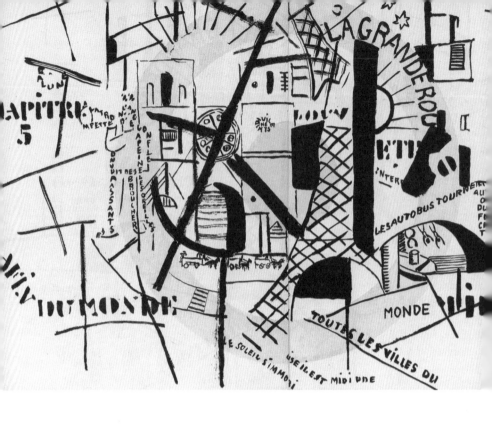

위: 페르낭 레제Fernand Léger 와 블래즈 상드라르의 시화 「성모 천사에게 찍힌 세상의 종말La fin du monde filmée par L'ange Notre-Dame」, 1919년.

아래: 1933년 안드레 케르테슈André Kertész의 눈에 비친 에펠탑. 1959년 페르낭 레제의 캔버스 위에서도 그랬지만, 1933년 안드레 케르테슈의 눈에도 에펠탑은 파리를 보여 주는 건물이었다.

19세기에 에펠탑은 전 세계의 상징적 구조물이자 절대적 아이콘이 될 만반의 준비가 되어 있었다. 그리고 이 과정에서 사진이 상당한 역할을 담당한다. 사진은 에펠탑이 하루하루 구축되는 모든 과정을 따라갔으며, 사진 덕분에 1930년대 예술가들은 다른 시각에서 에펠탑을 바라볼 수 있었다.

> 어느 각도에서 보든 에펠탑은 도시 위로 솟아올라 구름 위로 고개를 들이민다.

페르낭 레제의 작품집 『도시 La Ville』(에디시옹 테리아 Éditions Téria, 파리, 1959년)에 수록된 석판화 작품.

양차 대전 사이에 파리는 독일과 중앙 유럽에서 이주해 온 예술가들이 모여드는 명소가 되었다. 파리에 매료되어 이 도시에 흠뻑 빠진 예술가들은 전위적인 시각으로 새롭게 도시를 조명하고, 사진 합성이나 사진 콜라주, 이중 인화, 반전 효과 등의 혁신적인 기법으로 형성된 예술과 건축의 새로운 관계에 환호했다. 1925년 파리에 도착한 헝가리 사진작가 안드레 케르테슈는 위대한 기념물들이 즐비한 센 강변을 따라 걸으면서 예술혼으로 들끓는 도시를 발견한다.

〈덧없는 것들의 시인〉인 그는 의자의 그림자와 선술집 간판을 카메라에 담아낸다. 뉴욕으로 떠나기 전, 무언가 기념비적인 작품을 남겨야 할 필요성에 직면한 그는 그 누구도 시도하지 않았던 구도의 프레임 속에 영원불멸의 파리를 담아내고, 현대적인 시선으로 산업 건축과 파리를 조명한다. 1933년에 그가 찍은 에펠탑 사진에서는 두 개의 시점이 중첩된다. 〈엽서 사진〉의 주인공이 될 뻔했던 에펠탑은 지상 위로 지나가는 전철 선로와 그 리벳이 클로즈업되며 앞이 가로막힌다. 헝가리 출신의 또 다른 사진작가인 프랑수아 콜라르François Kollar는 데뷔 초기이던 1931년, 네거티브 방식과 포지티브 방식으로 이중 인화한 에펠탑 사진으로 주목을 받는다. 이 사진은 아래에서 올려다 본 에펠탑을 찍은 것이었는데, 독일의 사진작가인 엘제 탈레만, 일세 빙Ilse Bing, 제르멘 크륄Germaine Krull 등이 찍은 사진들과 그 화면 구성이 상당히 흡사하다. 〈철의 발퀴레Walkyrie de fer〉라는 별명의 제르멘 크륄은 메탈 건축과 산업 세계에 매료되었는데, 그가 찍은 에펠탑 사진은 당대의 관행을 모조리 뒤흔들어놓는 것이었다. 얽히고설킨 철골 장식과 철근 장선 부분을 분리시켜 카메라에 담기 때문이다. 에펠탑은 프레임 속에 대상을 배치하는 연구 주제였다. 사진작가들은 이를 통해 빛과 대비를 자유자재로 표현했다.

그의 이름은 자주 Zazou라고 했다.

마리프랑스 푸아리에Marie-France Poirier, 기자

오로지 〈순간의 본능〉이라는 마법 같은 원칙에 따라 움직이는 눈을 가진
마르크 리부는 85세가 넘는 나이에도 호시탐탐 0.125초의 순간을 노리는
사진작가다. 예나 지금이나 그의 사진은 전 세계를 돌며 전시되고 있다.
그중 가장 유명한 사진 가운데 하나가 바로『파리 마치』에 실렸다가
이후 1953년에『라이프』에 실린「에펠탑의 페인트공」이다. 사진 속에는
에펠탑의 도색 작업을 하는 중이던 한 젊은 남자의 모습이 담겨 있는데,
남자는 안개에 깔린 파리를 배경으로 철골 구조물 속에서 우아한
춤사위를 펼치며 새처럼 사뿐히 내려앉은 모습이다.
그로부터 50년이 지난 뒤, 마르크 리부는 당시의 일을 이렇게 회고한다.
〈나는 나선형으로 구부러진 계단을 타고 에펠탑을 올라갔다. 손에는
살아생전 아버지께서 쓰셨던 라이카 카메라 한 대가 들려 있었다. 1차
대전이 터졌을 때, 아버지는 라이카 카메라를 들고 전쟁터로 떠나셨고,
전투가 벌어지는 동안 참호에서 이 카메라로 사진을 찍으셨다. 말하자면
매우 간소한 카메라로, 그리 거추장스러운 카메라는 아니었단 소리다.
하지만 젊은 시절, 내가 한 번도 손에서 놓아본 적이 없는 카메라였다.
나는 에펠탑의 페인트공과 함께 소시지 한 쪽을 나눠 먹었다. 그의
이름은 〈자주〉라고 했다. 그는 무척 재미있는 사람이었다. 이어 그는 하던
일을 계속했고, 나는 그의 작업을 방해하지 않고 가만히 지켜보았다.
그리고 적절한 순간을 포착하고 좋은 구도를 잡기 위해 자리를 잡았다.
내가 찍은 건 단 한 장의 사진뿐이었다. 1953년 당시에는 필름이
귀했으므로 필름을 낭비할 수 없는 상황이었다.〉찰나의 순간을 포착하여
마르크 리부가 프레임 속에 집어넣은 것은 보는 이로 하여금 가슴을
철렁이게 하면서도 천하 태평한 페인트공의 유려하고 편안한 몸짓이다.
그리고 이를 지켜보던 단 하나의 관객은 바로 마르크 리부 본인뿐이었다.
마르크 리부는 어딘가 모르게 연약해보이면서도 우아함이 느껴지는
이 순간을 포착했다. 그러면서도 에펠탑의 철골 구조가 갖는 기하학적

아름다움은 그대로 살리고 있다.

그 자신도 사진작가이면서 마르크 리부의 친구로, 당시에는 그의 보조 역할을 맡았던 카롤린 아비톨Caroline Abitol은 거장의 이 사진에 대해 다음과 같이 분석한다.

〈원래 에펠탑은 프랑스의 정치적·산업적 위력 밖에 느껴지지 않는 금속 구조물이었다. 마르크 리부는 그런 에펠탑에서 마치 유리로 된 성당에서나 있을 법한 초월성이 느껴지도록 했다. 그는 우리에게 완전히 개방된 자유로운 느낌을 심어 주었다. 그리고 허공에 대한 영원한 이끌림을 느끼게 해주었다.〉

이 내면의 여행, 공간을 벗어나는 찰나의 생각, 정확하게 계산된 철의 노래 등은 카롤린 아비톨의 놀라운 사진집 『에펠탑 2008』에서 재현된다.

조형 예술가들의 눈에 비친 에펠탑

에펠탑에 과연 회화의 시대만 있었을까? 예술가들은
회화 이외에 또 다른 길을 모색하며 탑을 변형시키고
왜곡하며 재구성한다. 그렇게 이들은 원본에 대한
완벽한 자유를 만끽하며 에펠탑을 재창조시킨다.

고층 빌딩이 즐비한 지역에서, 예술가들은 마천루 숲에 대항하여 싸워야 한다. 시카고에서는
칼더Calder의 한 조각 작품이 유리창으로 도배가 된 건물 앞에 우뚝 솟아올라 있다. 사진은
장크리스토프 바요, 2009년.

아르망(본명은 아르망 피에르 페르낭데즈Armand Pierre Fernandez)이 에펠탑 여러 개를 쌓아 올려 조형 예술 작품을 만든 이후, 1984년에는 세자르 발다치니César Baldaccini가 「에펠탑에 경의를 표하며Hommage à Eiffel」란 기념 조각물을 제작한다. 18m 높이의 이 철판 구조물은 그 무게가 500톤에 이르며, 탑의 경량화 작업에서 떨어져 나온 철근 장선을 활용하여 만든 작품으로, 작가는 여기에 귀스타브 에펠의 조각상까지 곁들인다. 이어 2002년에는 파리 시 주최로 열린 백야 행사를 기념하여 조형 예술가이자 사진작가인 소피 칼Sophie Calle이 바통을 이어받는다. 창작 활동으로써 자신의 삶과 작품 세계 사이에 가교를 놓는 소피 칼은 르네 클레르René Claire 감독의 1927년 작 「잠자는 파리Paris qui dort」 중, 잠자는 여인의 한 장면을 자기 나름의 방식으로 재해석해 보여 준다. 이 단편 영화에서 에펠탑의 야간 관리인은 다음 날 아침 자리에서 일어나 잠들지 않은 상태의 파리를 발견한다. 남녀 몇몇이 잠을 자지 않고 침실에서 빠져나와 에펠탑 고층부로 숨어들었던 것이다. 「전망 좋은 방Chambre de vue」이라고 이름 붙인 이 설치 작품에서 소피 칼은 에펠탑의 최상층에 임시로 침실 하나를 가정해 놓고 잠옷 차림으로 방문객을 맞이하며 이들에게 자신이 아침까지 잠들지 않도록 이야기를 들려달라고 청한다. 소피 칼은 〈저 위, 309m 높이에 내 집이 있는 것 같다〉고 말한다.

> **66** 예술가들은 모두 에펠탑에 대한 환상을 키워 간다. 1920년대에는 에펠탑이 전위 예술의 상징이었고, 2011년에는 여러 사진작가와 조형 예술가가 각기 다른 방식으로 저마다 〈자신의 탑〉을 표현한다. **99**

한편, 조형 예술가 마르틴 카밀리리Martine Camillieri는 번뜩이는 재치 와 시대를 초월하는 시선으로 세상을 바라본다. 그에게 있어 일상은 수많은 물건들을 가지고 재해석할 가능성이 있는 드넓은 영역이고,

따라서 그는 이 물건들을 원래의 용도에서 벗어나게 하여 여기에 새로운 생명력을 부여한다. 〈탑의 실루엣은 마치 사람의 몸 같다. 살아있는 곡선은 부드럽게 경사가 지며 비스듬히 기울어진다. 고개는 마치 구름 위로 얼굴을 내미는 듯하고, 가슴 부분과 두 다리는 두 땅을 딛고 있다. 나는 잡다한 물건들을 가지고 내 나름의 방식으로 이를 재현하고 싶었다. 내가 이 물건들을 쌓아 올리는 기준은 단 한 가지뿐이었다. 바로 세 부분으로 나누는 것이다. 이어 나는 그 결과물을 원본 앞에 두고 사진을 찍으러 갔다.〉

마르틴 카밀리리는 여름 내내 그런 식으로 에펠탑을 재해석하여 여기저기에서 긁어모은 물건들을 3층탑으로 쌓아 구조물을 만든 뒤, 이를 파리의 상징인 실제 에펠탑과 대조시켰다. 그는 낡은 쿠키틀과 작은 유리잔, 플라스틱 장난감, 향수병 등을 활용하여 에펠탑 〈효과〉를 만들어 냈다.

기념비적인 작품으로 유명한 인도계 영국 조형 예술가 아니시 카푸어Anish Kapoor는 2012년 런던 올림픽을 맞이해 예술적인 기념탑을 제작해 달라는 의뢰를 받는다. 형식적 틀을 벗어난 이 철골 건축물은 그 높이가 자유의 여신상보다 높지만 에펠탑보다는 낮다(높이 115m). 비대칭적인 모양의 강철 구조물로 고안된 이 작품은 금속관이 서로 얽히고설킨 형상이며, 엘리베이터를 타고 정상으로 올라가면 도시 전체를 조망할 수 있다. 진작부터 이 작품은 기술적 쾌거이자 낙관론의 상징으로서 파리의 에펠탑과 비교됐다. 하지만 이 「아르셀로미탈의 궤도」는 이미 논란이 분분한 작품이다. 철거될 운명이었던 에펠탑과 마찬가지로, 작품 「궤도」가 런던 시가지의 풍경 속에 안착할 수 있을 지에 대해 모두가 의구심을 품고 있다. 이 작품을 〈트롬본의 변종〉이나 〈술 취한 에펠탑〉에 비유하고 기형적으로 비틀어진 거대한 8자 형태를 보고 〈혐오스러운 탑awful tower〉 운운하며 비방하는 사람들에게, 아니시 카푸어는 다음과 같이 답변한다. 〈이 작품은 조금씩 그 맛을 발견해

맨 처음 만들어졌을 때에는 베네치안 레드 색상이었던 에펠탑은 2004년 중국 설날을 맞이하여
교묘한 조명 효과 덕에 다시금 진홍색 옷을 입었다.

가는 하나의 여행을 요구하는 오브제다. 방문객들은 이 작품의 주위도 돌아보고, 내부에서 위로 올라가는 여행도 해야 한다. 실로 방문객의 참여와 동참이 요구되는 작품이다. 이 작품의 가장 좋은 비교 대상은 오직 에펠탑뿐이다. 이보다 더 적절한 비교가 있겠는가?⁴〉

작품이 완성된 이후, 에펠탑은 조명으로 치장이 됐다. 2001년 이후로는 매년 여름 파리의 밤을 밝히는 등대로서, 에펠탑은 밤이 된 뒤 새벽 2시까지 매시간 정각에 10분씩 반짝거린다. 그런데 2002년, 「예술의 힘 02la Force de l'Art 02」전시회를 맞이하여 파리의 기념물과 관련한 프로젝트를 의뢰받은 조형 예술가 베르트랑 라비에Bertrand Lavier는 밤에 에펠탑의 불빛이 반짝거리는 시간을 임의로 조정하여 매시간 규칙적으로 반짝이던 에펠탑의 점등 시간에 변화를 가미한다. 전시회 개막 후 열흘간, 에펠탑은 언제인지 모르는 예측 불가능한 시간에 반짝거리는 조명을 보여 준다. 반짝거리는 에펠탑을 보려면 시시때때로 하늘을 보며 대기해야 하고, 그 느낌은 마치 언제 나타날지 모르는 별똥별을 기다리는 마음하고도 비슷했다.

66 무언가 말로 표현하기 힘든 그런 밤이 있다.
2002년 10월 5일에서 6일로 넘어가던 그 밤을
나는 에펠탑 꼭대기에 마련된 침실에서 보냈다.
하얀 이불로 몸을 감싼 채 침대에 누운 나는 모르는
사람들이 차례로 한 명씩 베개 맡에 와서 해주는
이야기를 들으며 밤을 지새웠다. 내가 잠이 들지
않도록 이야기를 하나 해주세요. 가급적이면 최대
5분 이내에 해주시되, 이야기가 흥미진진할 경우엔
시간을 연장할 수 있습니다. 할 얘기가 없다면
오지 말아 주세요. 이야기를 듣다가 내가 잠이
들면 조용히 물러가는 배려를 발휘해 주시고, 내
곁을 지키고 서 계신 분께 나를 깨워 달라고 부탁해
주세요. 그렇게 내게 이야기를 들려 주러 온 사람들은
백 명에 달했다. 무언가 이야기로 표현하기 힘든
그런 밤이었다. 다음 날 아침 일찍 나는 다시 에펠탑

아래로 내려갔다. 탑의 네 다리에는 각각 다음과 같은 메시지가 붙어 있었다. 〈소피 칼, 백야 행사 종료, 07h00〉 내가 꿈을 꾼 게 아니라는 걸 확인시켜 주는 메시지였다. 나는 불가능한 일을 요구했고, 내 요구는 받아들여졌다. 내가 에펠탑 정상에서 잠을 자고 내려온 것이다. 이후 나는 시시때때로 에펠탑의 상태를 살피고, 길모퉁이를 돌아가다 에펠탑과 마주치면 반갑게 인사를 건네며, 다정한 시선으로 에펠탑을 바라본다. 마치 저 위, 309m 높이에 내 집이 있는 것 같다. **99**

—소피 칼, 『전망 좋은 방』, 2003년.

소피 칼과 그녀의 백야 2002(80 페이지), 르네 클레르의 1927년 작「잠자는 파리(위)」와
함께 하는 〈빛의 도시〉 파리에서의 야간 산책.

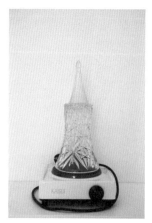 

여름 내내 조형 예술가 마르틴 카밀리리는 잡다한 물건들을 세 개씩 모아 에펠탑처럼 보이게 쌓아 올린다. 이어 자신의 설치 작품이 좀 더 에펠탑처럼 보이게끔 사진을 찍었다.

베르나르 브네Bernar Venet의 금속 조각 작품을 샹드마르스 공원에 전시하여 에펠탑 앞에 야외
미술관을 조성했다.

> 1949년이 되어서야 비로소 뉴욕의 크라이슬러 빌딩이 등장하며 에펠탑의 높이를 넘어선다. 높이 경쟁은 전 세계 곳곳에서 올라오는 거대한 현대적 타워의 건설로 오늘날도 계속 이어진다. 타이베이 101 빌딩이 508m이고, 버즈 두바이가 828m이니, 미래에는 곧 1km 높이에 육박하는 초고층 빌딩이 탄생하지 않을까?

2012 런던 올림픽을 기념하여 아니시 카푸어는 거대한 8자를 변형·왜곡시킨 탑 형태의 구조물을 고안한다.

사진작가 프랑수아 콜라르의 포지티브-네거티브 이중인화 효과.

필립 포티에(Philippe Potié, 국가 공인 건축가·문명 및 예술사학 박사

에제

에펠탑은 말하자면 초대형 기성품인 셈이다. 전국 선로에 설치되던
철도교 교각의 화장판이기 때문이다. 민주박람회는 그런 에펠탑의 지위를
격상시키는 계기가 된다.

오늘날 에펠탑은 하나의 기념물이자 예찬의 대상이다. 에펠탑은 대형 제련업체들이 선로를 믿고 나가며 세상을 잡아야하던 시대로 우리를 인도한다.

이와 같은 길을 걸어 경험했던 에펠의 사무실도 사진 제작된 가옥과 교량, 역사 등이 건축물을 베트남이나 남미 지역으로까지 수출했다. 세계 무대가 하나로

통합되기 시작하던 그때, 철의 무두를 사로잡은 소재였고, 철골 구조를 제작한 에펠탑은 사람들이 그 내부를 이곳저곳 거닐 수 있게 만들어 이들에게

마치 신대륙을 발견하는 듯한 느낌을 안겨 준다. 에펠탑을 돌아보는 건 하나의 여행과도 같았다.

철도 인프라의 구축으로 세상을 정복했던 에펠의 사무실은 국제 박람회장의 건축까지 담당한다. 이에 따라 기존의 교각을 크게 확장시킨 에펠탑이

탄생하는데, 파리 만국박람회에 설치된 에펠탑은 갑자기 그 지위가 격상된다. 이러한 에펠탑의 지위 변화는 전통을 고수하는 사람들의 분노를 사기에

충분했다. 에펠탑을 둘러싼 논쟁은 마르셀 뒤샹Marcel Duchamp의 작품 「샘la Fontaine」을 미술관에 들일 것인지에 대한 논란만큼이나 거친 양상을

보인다. 에펠탑이 기발한 건 바로 일상적 소재를 송배의 대상으로 맹상으로 승화시켰다는 점이다. 이는 마치 르 코르뷔지에가 콘크리트라는 소재를 또 다른

궤도 위에 올려놓은 것처럼 비슷하다. 갑자기 그 이들이 자신의 일상과도 전혀 관련이 없고, 그 어떤 것과도 닮지 않은 대상을 통해 자신을 인식하게

된다. 그것도 순수한 산업적 생산물인 에펠탑을 통해 낯선 감각을 만들어낸다. 에펠탑은 그 엄청난 규모 덕분에 좋겨 효과를 불러왔다.

산업 양식으로서의 에펠탑

주술적 힘을 지닌 종교적 숭배의 대상으로서, 오늘날 에펠탑은 우리의
집안으로까지 들어오며 건축과 가구의 양식을 결정한다. 리빙 스타일의
새로운 예술적 지평을 여는 메탈 DNA로서 에펠탑을 살펴 보자.

배경 효과로 좋은 공간 베란다 등의 칸막이를 줄이고 탁 트인 넓은 공간으로 리모델링. 사진은 파브리스 오세(Fabrice Aussel)가 리모델링한

조제트 XXX(XXX의 애인) 집.

AU BON M

MAISON A. BOUCICA

BLICITÉ WALLACE, PARIS

에펠 스타일의 공간

1876년 건축가 부알로Boileau는 봉 마르셰 백화점의
확장 공사를 맡고, 귀스타브 에펠도 여기에
참여한다. 에펠은 전통적인 석재 마감 방식을
결합시킨 철근 골조를 채택한다. 공사 마지막에
가서는 철근 골조가 천장 스테인드글라스의 테두리
장식으로도 쓰이는데, 이에 대해 에밀 졸라는
자신의 작품 『여인들의 행복 백화점Au bonheur des
dames』에서 그 과감하고 혁신적인 시도를 찬양한다.

봉 마르셰 백화점의 바캉스 시즌 포스터. 19세기 말 일러스트 작품.

    그건 마치 기차역의 중앙 홀 같은 느낌이었다. 주위는 2층으로 이어지는 경사로로 둘러싸여 있고, 공중에 걸려 있는 계단으로 공간이 분할되며, 하늘을 나는 듯한 다리들이 공간을 가로지른다. … 천창에서 환하게 내리쬐는 빛줄기 아래로, 짙은 가벼움의 건축을 구현한다. 복잡한 철골 레이스 장식 위로 하루가 지나간다. 이곳은 꿈의 궁전이, 그리고 바벨탑이 현대적 방식으로 한 층 한 층 올라가며 구축된 것이다. 틈 사이로 비친 햇살은 다른 층, 다른 공간으로 무한히 뻗어 나간다.

에밀 졸라, 『여인들의 행복 백화점』, 1883년.

위: 봉 마르셰 백화점의 천장 스테인드글라스.
옆면: 1910년 라파예트 백화점의 돔 천장. 19세기 후반, 백화점들이 하나둘 문을 열면서 상업의 개념이
뒤바뀌었다. 철기둥이 지지하는 가는 철골 구조를 기반으로 중앙 홀의 천장이 높아졌고,
유리로 된 돔 천장 아래로는 자연광이 쏟아져 들어온다.

산업 디자인의 어휘

2011년 리뉴얼한 봉 마르셰 백화점은 현대적 건축의 진수를 보여
준다. 우아한 기둥이 받치고 있는 스테인드글라스 천장이 내부를 환히
비추며 예술가들의 작품은 더욱 빛을 발하고, 살롱처럼 분위기가 바뀐
서적 공간의 디자인 소품들도 한층 더 부각된다. 이러한 추세에 따라
과거 공장이나 작업실로 쓰이던 공간이 리모델링 공사를 통해 용도가
변경되기도 하는데, 철이나 유리를 이용한 건축이 항상 이전보다 더
아름답게 공간을 살려 주었다. 19세기 제련소로 쓰이던 곳이 인쇄소로
탈바꿈했다가 최근에는 건축가 시릴 뒤랑베아르Cyril Durand-Behar의
손을 거쳐 그럴듯한 내부 장식을 갖춘 휘트니스 클럽으로 변신한다.
이곳에서 모든 건 가급적 기존의 틀을 유지하는 선에서 이뤄진다.
산업혁명 당시의 상태 그대로 남아있는 자재들을 활용하여 리모델링을
하는 것이다. 리벳이 박혀 있는 과거의 철근 장선과 메탈 느낌의
현대적 사암 도기 타일이 한데 어우러지고, 천공 처리를 한 금속판은
칸막이 용도의 구멍 뚫린 부식 철판과 어깨를 나란히 한다. 호텔 로비
같은 분위기로 꾸며진 입구의 커다란 홀에는 르 코르뷔지에나 찰스
임스Charles Eames 같은 현대적 디자이너들의 빈티지풍 가구들이
역사가 깃든 공간 속에서 환상적인 어울림을 만들어 낸다.

❝ 인테리어와 패션계 및 요식업계 쪽에서는
금속과 유리 소재 및 여백의 활용 등 다양한 건축 자원을
이용하면서 끊임없이 내부 리모델링을 시도했다. 애초
건물이 지어질 당시의 원래 용도와 거리가 먼 새로운
용도에 적합하게끔 공간을 늘리고 조절하면서 리모델링의
무한한 가능성이 열렸다. **❞**

파리 마레 지구의 위쪽에 위치한 오 마레Haut Marais의 퐁토슈Pont-
aux-choux 거리를 내려오다 보면 고풍스러운 아틀리에의 진열대와

뉴욕의 밋 패킹 디스트릭트Meat Packing District에 위치한 유명 맛집들은 과거 창고로 쓰이던
이곳 건물들 속에서 주철 기둥과 철골 구조, 비스트로 테이블과 톨릭스 의자 등 각자 나름대로
자신에게 어울리는 내부 장식을 찾아낸다. 건축가 시릴 뒤랑베아르는 과거 운반대 저장 창고로 쓰이던 곳을
이탈리안 레스토랑 〈라 빌라 파크리La Villa Pacri〉로 탈바꿈시켰다.

새롭게 리뉴얼한 화랑들 사이에서 창고를 개조하여 만든 〈블랑
디부아르Blanc d'Ivoire〉를 찾아볼 수 있다. 인테리어 소품 및 가구의
전시·판매 공간으로, 침구류와 패브릭 제품, 각종 디자인 상품과
장식 도구도 함께 취급하는 곳이다. 이곳은 과거 바느질 재료를 팔던
공방이었는데, 벽면은 철골 구조와 커다란 유리창으로 둘러싸여 있고,
배관은 모두 겉으로 드러나 있는 형태이다. 사이사이 콘크리트와
금속 소재도 보이고, 송진으로 구멍이 메워지거나 고색이 창연한
목재들도 눈에 띈다. 3층으로 나뉘어진 면적 450㎡의 이 건물은 거대한
로프트(창고를 개조한 작업실이나 아파트)를 연상시키며, 〈블랑
디부아르〉의 각종 컬렉션이 전시되어 있는데, 정작 제품들은 고전적인
분위기보다 현대적 양상을 더 많이 띠고 있다. 창업주인 모닉 피셔Monic
Fisher는 18세기 프랑스 양식을 재해석한 스타일과 구스타비안 양식의
컬렉션을 이곳 매장에서 선보인다. 장소의 영혼과 단절된, 어울리지 않는
조합이다.

1990년대 포부르그 생토노레Faubourg Saint-Honoré 거리에 처음으로
자리 잡은 〈로프트 디자인 바이Loft Design by〉는 심플하면서도 세련된
옷을 추구하는 자연주의 의류 브랜드이다. 브랜드 이름에서 풍기는
이미지 그대로의 〈로프트 디자인 바이〉는 각 매장들도 모두 그렇게
로프트적인 심미성을 추구한다. 클래식한 느낌의 수공예 원목 가구들과
주철 기둥, 겉으로 노출된 철근 등 각각의 공간에서는 산업 건축 양식이
압축적으로 나타난다. 이어 빈티지풍이나 현대적 감각의 소품들이
매장 안을 장식하고, 고급스러운 소재가 눈에 들어오며, 바닥재로는
목재 마루판을 채택했다. 이 같은 공간 속에 심플한 라인으로 멋스럽게
디자인된 의류 상품들이 진열되어 있으며, 센 강을 중심으로 한 파리의
좌측과 우측, 프랑스 남부의 릴과 액상프로방스 등에서도 이처럼
클래식하면서도 모던한 느낌의 매장을 찾아볼 수 있다. 저마다 공간을
정의하는 방식은 다를 수 있겠지만, 창업주인 파트리크 프레슈Patrick

DEFENSE D'ENTRER

Frèche는 〈로프트〉와 〈디자인〉이라는 단어를 사용하여 공간을 정의하며 브랜드 컨셉의 기원에 대해 일깨워 주길 좋아한다. 〈의류 디자인을 하는 과정에서, 나는 엄격함을 추구하며 단순함에 도달한다. 이어 이 옷들은 매장 안의 공간 속에서 제자리를 찾게 되는데, 어느 나라든 어느 도시든 우리 브랜드의 매장은 신축 건물이 아닌, 기존의 역사가 있는 건물 안에 들어선다. 그리고 이 건물 안에서 우리는 앞으로의 역사를 계속 이어 나간다. 하지만 이 역사를 되살리기 위해서는 기존의 창고 혹은 작업실이었던 그 공간의 아름다움을 현재에 맞게끔 업그레이드시키고, 이와 어울리는 그 모든 심미성을 추구하는 작업이 늘 수반되어야 한다.〉

파리 교외에 위치한 3,000m² 넓이의 구 공장 건물이 작업실 공간과 거주 공간으로 분할되었다. 널찍한 공간, 철골 구조, 벽돌과 바닥의 마루판 등은 스타일리시한 집기 및 산업용 가구들과 함께 어우러진다.

파리파리 1937-1957 포스터, 1981년 퐁피두센터 전시회 홍보용으로 제작한
로만 시슬레비츠Roman Cieslewicz 작품.

에펠탑을 이용한 박람회 일러스트 포스터도 등장
하고, 파리의 어느 호텔에선 한 건축가의 기발한 상상력이
동원되기도 한다. 산업용으로 쓰이던 건물에 매달리는 실내
장식가도 있다. 금속 소재를 이용한 건축은 시대와 시대
사이를 이어주는 매개체가 된다.

디자이너 필립 마이덴베르크Philippe Maidenberg가 리모델링한 호텔 〈조이스Joyce〉의 데스크 세부 장식.

몽트뢰이수부아에 위치한 어느 공장의 폐허 위에 엠마뉘엘 두지에Emmanuel Dougier가 완전히 새로운
공간으로 창조한 이곳에는 오늘날 작업실과 로프트가 마련됐다. 과거의 지붕 골격은 형태가 유지되었는데,
산업 스타일의 장식물을 매달아 꾸며 준 모습이다.

파리 한복판에 자리 잡은 2,000m² 넓이의 4층
건물의 천장은 유리 천장으로 덮여 있다. 에펠 스타일의 철골
구조물에선 지배적인 양식이다. 철근 장선이 공간 곳곳을
수놓고 있으며, 지하 1층의 천장은 벽돌을 이용한 첨두형
궁륭 양식을 채택한다. 층과 층 사이는 과거 화물용 승강기로
쓰이던 것을 지금의 안전 기준에 맞추어 리노베이션한 것으로
연결된다.

에펠의 사무실에서 확장 공사의 설계를 맡았던 구 루브르 백화점 건물들이
최근 마다가스카르에서 고급 호텔로 탈바꿈했다. 규모와 철골 구조는 그대로 유지되었으며,
내부는 건축가 엘로디 시르Élodie Sire가 선택한 색깔과 자재로 인해 산업 구조를 연상시킨다.

건축가 시릴 뒤랑베아르가 리모델링한 파리 시내 휘트니스 클럽 〈클레이 클럽Klay Club〉의 유리 벽면 세부.

철제 장식으로의 치장

호텔 하나는 파리에, 또 하나는 마다가스카르에 있지만 에펠탑의
그림자는 양쪽 모두에서 느껴진다. 1930년대, 마다가스카르의 수도
안타나나리보에는 파리 루브르 백화점의 지점이 들어서 있었고,
프랑스에서 들여온 물건을 판매하던 이곳에서 확장 공사의 필요성이
대두된다. 이에 따라 그 당시 운영진은 교량 공사로 마다가스카르에
머무르던 귀스타브 에펠의 설계 사무소에 도움을 요청한다. 프랑스
르발루아 사무실에서 제작된 건물은 배로 운송되어 현지에서
조립된 뒤, 공간이 확대된 백화점은 다시 재오픈을 한다. 이후 건물의
간판명은 〈르 프랭탕Le Printemps〉으로 바뀌었다가 1960년에 다시
〈프리쥐닉Prisunic〉이란 이름을 달게 되며, 최종적으로는 1998년 호텔
건물로 변신한다. 2010년에는 또 한 번 리뉴얼 작업이 이뤄지고, 건물은
또 다시 새로운 변신을 시도한다. 매우 고전적인 파사드 뒤편으로는
이런저런 시설들이 연속적으로 이어지며 역사가 깃든 철골 구조를
가리고 있었다. 오랜 해체 작업 끝에 결국 모든 게 다시 제 모습을
드러냈으며, 7m 높이의 천장 아래로 리벳이 박힌 훌륭한 철근 장선이
드러났다. 인테리어 건축가 엘로디 시르의 최근 리모델링 작업은 유리와
철을 이용한 실내 장식을 중심으로 이뤄진다. 이에 따라 안내데스크는
금속 수지의 옷을 입었고, 거대한 조명 시설은 녹이 슨 금속 색깔을
띠었으며, 곳곳에서 에펠의 산업 건축 양식이 은밀히 존재감을 드러냈다.
다시 파리 9지구로 자리를 옮겨 조이스 호텔을 살펴 보자. 건축가 겸
디자이너인 필립 마이덴베르크가 리노베이션한 이 호텔은 우아함과
깜찍함의 요소들이 유쾌하게 어울린다. 입구에 있는 데스크에는
흰색과 붉은색으로 색칠을 한 미니 에펠탑들이 서로 연결된 상태로
비치되어 있는데, 이를 디자인한 필립 마이덴베르크의 설명에 따르면,
〈이는 두 개의 에펠탑을 서로 이어 붙인 형태로 퐁피두센터 전시 홍보

포스터를 디자인한 아티스트 로만 시슬레비츠에게 경의를 표하는
작품이다. 또한 착시현상을 이용한 작품이기도 한데, 멀리 떨어져서
보면 무샤라비에(안에서는 밖이 보이지만, 밖에서는 안이 보이지 않도록
자잘한 기하학적 문양으로 구멍을 뚫어 놓은 덧문 장식으로, 아랍권
국가에서 흔히 보이는 건축 양식이다 ㅡ옮긴이 주)같은 느낌도 주기 때문이다.
이는 멀리서 봤을 때와 가까이에서 봤을 때의 느낌이 달라지는 에펠탑의
이중적 효과를 살려 주는 부분이기도 하다.〉

에펠탑 철골 레이스 장식의 디테일, 사진은 마르크 리부, 1964년.

파리의 앵발리드 부근, 과거 인쇄소로 쓰이던 곳이 건축가 레오 베렐리니Leo Berellini의 리노베이션
작업으로 부활하여 어느 일가족의 행복한 공간으로 거듭났다. 웅장한 규모의 거실에는 원래 있던 철근
골조와 기둥들이 그대로 드러나 있다.

네모 선장의 〈쥘 베른〉

원래부터 에펠탑 1층은 음식점들이 모여 있는 공간이었다. 또한 이곳은 시대의 분위기를 느낄 수 있는 곳이기도 했다. 1889년 처음 에펠탑이 개관했을 당시에는 건축가 스테판 소베스트르가 만든 네 개의 목재 정각 스타일의 위엄 있는 공간이 식당으로 쓰였으며, 여기에는 알자스식 술집과 영미풍 바, 러시아 식당, 프랑스 요리 전문점 등이 들어섰다. 만국박람회가 개최되면서 이들 식당은 여러 방문객들을 손님으로 맞이했다. 1937년 대대적인 리뉴얼 작업이 이뤄지면서, 그중 두 개의 식당이 건축가 오귀스트 그라네Auguste Granet에 의해 1930년대 스타일로 리모델링되었고, 이후 1980년대 초에는 〈라 벨 프랑스〉와 〈르 파리지앵〉이 가장 순수한 의미에서의 〈파리〉다운 술집으로 자리 잡았다. 이후 1996년 실내 장식가 슬라비크Slavik의 손을 거친 이 두 곳은 〈Altitude 95〉라는 이름을 달고 새롭게 태어나며, 그 이름에 걸맞게 95m 높이에서 공중을 향해하는 듯한 느낌을 손님들에게 안겨 준다. 에펠탑 건립 120주년을 맞이하여 이뤄진 새로운 리뉴얼 계획의 무대에 오른 것은 바로 디자이너 파트리크 주앵Patrick Jouin이었다. 세계 최고의 요리사 알랭 뒤카스Alain Ducasse가 운영하는 미슐랭 스타 레스토랑 〈쥘 베른Jules Verne〉의 인테리어 디자인 구상안을 설명할 때, 파트리크 주앵은 자신이 마주하게 될 제약에 대해선 잊어버린 채, 탑과 관련한 하나의 특별한 시도에 대해 언급하며 모두를 쥘 베른과 귀스타브 에펠의 작품 세계 속으로 인도했다. 진보와 경이로움에 입각한 아이디어를 암시한 것이다. 가장 먼저 감동이 느껴지는 순간은 엘리베이터 안에서다. 철근 골조와 메탈 레이스 장식 사이로 엘리베이터를 타고 올라가면서 감동의 순간을 맛보는 것이다. 이어 125m 고도에서 엘리베이터가 멈춰서면, 전문가의 손길과 프랑스식 서비스의 퀄리티가 동시에 느껴지는 환상적인 구조의 레스토랑이 눈에 들어온다. 천장은 프로스티드 글래스를 이용한 유리판에 알루미늄

탑을 올라가는 길은 실로 하나의 감각적인 경험이다. 『해저 2만 리』에서 쥘 베른이 언급했던 바와 같은 쥘 베른 식의 환상적인 모험이 이뤄지는 것이다. 오늘날 이 미슐랭 스타 레스토랑은 모험의 일부를 차지한다.

재질의 벌집 모티브를 덧대어 두 겹으로 꾸몄는데, 이는 마치 에펠의 철골 구조를 연상시키는 듯했다. 바깥의 풍경보다는 레스토랑 내부의 분위기를 더욱 음미하도록 만드는 공간이다. 또 하나의 환상적인 레스토랑 〈58〉을 슬쩍 살펴 보면, 이곳은 계단을 통해 두 개의 층으로 나뉘어 있는데, 20m² 넓이의 천창으로 채광이 이뤄진다. 이를 보면, 『해저 2만 리』의 네모 선장이 노틸러스호 안에서 바깥 상황을 관측하던 커다란 선창이 떠오른다. (탑의 하중은 반드시 10,000톤으로 유지되어야 했으므로) 에펠탑의 무게를 조금이라도 더 늘리면 안 된다는 제약이 있었기 때문에, 파트리크 주앵은 항공 기술과 자동차 제조에서 사용되는 첨단 기술 소재를 선택했다. 견고하면서도 가벼운 소재를 이용해야 했기 때문에, 의자의 쿠션은 카본 섬유를 이용했고, 내벽은 레진 소재를 썼으며, 테이블 소재는 티타늄을 활용했다. 〈쥘 베른〉과 〈58〉 두 레스토랑을 위해 특별히 고안한 〈쥘〉 의자와 〈귀스타브〉 다리는 각각 그 소재와 색깔로써 에펠탑을 연상시킨다. 전위적인 예술 감각이 발휘된 선택이었음을 에펠 역시 부인하지 못했을 것이다. 어디서든 눈에 들어오는 파리의 반짝이는 전경에서 느껴지는 매력에 호응이라도 하듯, 레스토랑 곳곳에선 상당히 신경 써서 만들어 낸 실내 조명 덕분에 금빛이 도는 적갈색과 갈색 톤의 컬러가 조화를 이루며 아침부터 밤까지 실내 분위기를 은은하게 만들어 준다. 파트리크 주앵은 〈점심 식사를 할 때에는 창밖이 활짝 트이고 환히 밝은 공간이 되며, 저녁 식사를 할 때에는 요정이 나올 것 같은 신비로운 분위기가 연출된다〉고 요약한다. 〈시간이 멈춰버린 듯한 느낌이 드는 바로 그 순간, 레스토랑 안의 손님들은 하늘과 땅, 도시의 빛 사이에서 오랜 여행을 하고 돌아온 듯한 기이한 인상을 받게 된다.〉

고도 125m 높이에 위치한 레스토랑 〈쥘 베른〉에서 느끼는 요리의 감동과 환상적인 밤의 분위기. 이곳을 디자인한 파트리크 주앵의 설명에 따르면, 〈마치 여행을 하는 느낌으로 에펠탑에 몸을 싣고 있는 기분〉이라고 한다.

> ❝ 엘리베이터를 타고 올라가는 그 느낌은 마치 출항하는 범선에 오른 듯한 느낌과도 비슷하다. 다만 현기증 같은 건 전혀 느껴지지 않는다. 저 위에서 내려다보는 느낌은 파리라는 이 도시의 웅장한 규모, 그 크기와 넓이에 대해 지상에서 상상했던 것을 훨씬 뛰어넘는다. 해가 지면 도시는 로마 시대의 건물 잔해 같은 면모를 보이고, 길게 뻗은 지평선의 평평한 라인 사이로는 들쭉날쭉 솟아오른 몽마르트 언덕이 하늘을 생동감 있게 수놓으며, 노을빛이 비친 언덕은 한때 환히 빛났을 거대한 폐허 같은 양상을 띤다. 꿈만 같은 저녁 식사를 마치고, 이어 걸어서 내려오는 길의 느낌은 너무나도 특별하다. 무언가의 머리를, 끝도 없는 바닥을 향해 힘껏 내리치는 기분도 들고, 불빛이 들어오는 사다리를 한밤중에 한 칸 한 칸 내려가는 기분도 든다. 끝이 없는 공간 속으로 빠져드는 느낌 같기도 하다. 여기에서 우리는 마치 개미가 된 것 같다. 줄배의 줄을 타고 내려가는 개미 같은 느낌? 다만 그 줄들이 철로 이루어져 있다는 게 차이라면 차이랄까… ❞
>
> —에드몽과 쥘 공쿠르, 『공쿠르 형제의 일기Le Journal des Goncourts』, 1889–1891년.

에펠탑의 한 레스토랑, 사진은 마르크 리부, 1964년.

탑 위의 높은 고도에 지어진 레스토랑에서든 안타나나리보의 호텔에서든 우리는 철근 장선들이
만들어 내는 기하학적 아름다움과 이를 둘러싼 여백의 공간 사이에서 넋을 잃은 채
시간과 허공 속에서 여행을 한다.

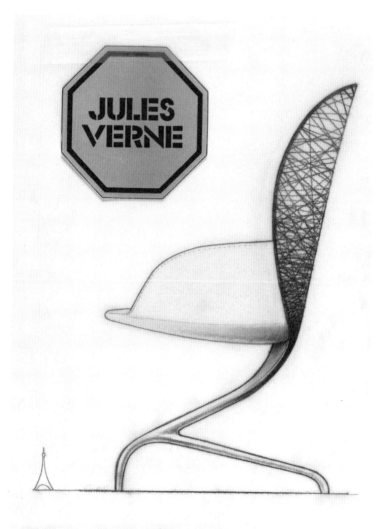

2007년, 파트리크 주앵이 레스토랑 〈쥘 베른〉을 위해 특별히 디자인한
안락 의자 쥘Jules, 프로젝트 D3.

파트리크 주앵, 디자이너·에펠탑 레스토랑 〈58〉의 기획자

진보의 표상이었던 귀스타브 에펠과 쥘 베르느의 작품을
같은 선상에 놓기 위한 현대적 실험

에펠탑은 빛기와 화려한 위용으로 가득 찬 작품이다. 여기에 뛰어드는 건 하나의 매우 특별한 시도이다. 지구의 물질적인 이 아름다움과 더불어 SF적인

구성을 하되, 그렇다고 원본을 모방해서는 안 되기 때문이다. 에펠탑은 일단 파리의 상징이다. 그러나 이 탑은 진보가 행복을 가져다 준다는 믿음이

유효하던 시대에 만들어진 것이었다. 알랭 뒤카스와 함께, 우리는 이 작품으로부터 그의 요리처럼 무언가 현대적인 것을 끌어내고 싶었다. 따라서

소재나 조명, 동선과 관련한 구성까지 역시 그 같은 방향에서 진행되어야 했다. 전망에서부터 음식, 분위기에 이르기까지 이곳 레스토랑 전체가 호사스러운

공간으로 거듭나야 했던 것이다. 주변으로 보이는 진경을 처리하는 문제가 꽤 까다로웠었는데, 유리창에 반사되어 비치는 부분에 대한 고려도 해야

했는데, 내부 조명이 너무 강하면 바깥 풍경이 보이지 않는다는 명점이 있었기 때문이다. 따라서 은은하고 어슴푸레한 조명을 유지하는 가운데 시간에

따라 조명의 강도를 조정해 주기로 했다. 아울러 이 같은 조명은 에펠탑과 비슷한 강서 및 초콜릿빛 등의 색조와 잘 어울릴 것이었다. 게다가 이 색감은

파리의 전체적인 풍경에서도 기준이 되는 대표적인 색상이다. 내가 디자인한 무인 자전거 보관소 벨리브Vélib 역시 회갈색일 뿐더러 센 강의

유람선도 비슷한 색감을 띠기 때문이다. 파리에 와서 자전거를 타든 유람선을 타든 에펠탑을 올라가든 관광객은 유사한 경험을 하게 된다. 땅 위에서도

물 위에서든 공중에서든 비슷한 색채의 분위기 속에서 이동을 하는 것이다.

자택에서의 에펠

귀스타브 에펠은 본인이 중요한 자산이기도 했지만, 자신의 또 다른 소중한 자산인 집의 인테리어를 손수 호화롭게 가꾸며 각별한 정성을 기울였다. 귀스타브 에펠의 고손자인 필립 쿠페리에펠 Philippe Coupérie-Eiffel이 만든 인터넷 사이트 〈에펠 패밀리, 가문의 정신Famille Eiffel, l'esprit de famille〉에 가 보면 이름다운 집에 대한 에펠의 관심이 어느 정도였는지 알 수 있다. 〈고조부께서는 집을 개조하여 새롭게 트인 공간을 만들고 여기에 유리를 달아 이전보다 채광이 더 잘 되도록 만드는 걸 좋아하셨다. 모든 집에는 공통점이 있었는데, 넓은 공간, 환한 실내, 외부로 확 트인 전망 등이 그것이다. 근사하고 멋진 집들은 항상 이런저런 소품들로 더욱 훈훈한 느낌을 자아냈는데, 이 소품들은 고조부께서 직접 고르거나 디자인한 것들이었다. 뿐만 아니라 서재 역시 집안 분위기를 화기애애하게 만들어 주는 데에 일조했다. 책장에는 과학 및 건축 관련 서적 한가운데에 쥘 베른의 소설들이 꽂혀 있었다.〉 필립 쿠페리가 모아 놓은 추억의 흔적들을 따라가다 보면, 우리는 에펠이 집안에 늘 과학적인 공간을 마련해 두려고 했었다는 점을 알 수 있다. 박케이Vacquey 집에는 전망대를 하나 설치해 두었고, 세브르Sèvres 집에는 지붕 위에 안테나를 달았으며, 브베이Vevey 집에는 기상 상태를 관측하고 기록하는 연구실을 만들었다. 그중 가장 특이한 공간은 그가 사무실 겸 집으로 쓰던 에펠탑 꼭대기였다. 사방이 유리로 둘러싸여 있던 그곳에서 과학을 향한 그의 꿈은 현실로 이루어졌으며, 에펠에게 있어 이곳은 하늘 한복판에 띄워진 노틸러스호의 별실과도 같은 공간이었다. 구름 속에 고개를 내밀고 네모 선장의 문장을 되새기던 꿈의 공간이었던 셈이다. 〈문득 내게는 있을 것 같지 않은 일들이 머릿속에 떠올랐다. 사실 꼭 그렇지도 않다. 한 사람이 상상할 수 있는 모든 것, 이는 장차 다른 사람들이 현실로 만들 수 있을 것이기 때문이다.〉

토목 엔지니어이자 과학자이며 〈철의 마술사〉로 통하는 귀스타브 에펠은 한 평생 공기에의 저항에 대한 관심의 끈을 놓지 않았던 무한한 호기심의 소유자였다. 1913년, 파리 부알로 거리에 있던 자신의 공기역학 연구소에서 에펠이 실험을 계속하고 있는 모습(옆면).

새로운 주거 예술

80년대 예술가들에 이어 건축가들이 신경을 많이
썼던 실내 건축의 대표적 양식인 로프트 스타일은
1960년대 뉴욕의 소호에서 태동한다.

조명으로 밝혀진 지하 공간에서 철제 계단으로 올라가다 보면 하늘에 좀 더 가까이 이를 수 있다.
건축가 파브리스 오세의 작품.

섬유 회사들이 공장을 비우자, 이들이 떠난 공장은 저렴한 가격으로 시중에 팔렸으며, 예술가들이 들어와 자신들의 터전으로, 나아가 작업실로도 활용한다. 원래 공장으로 쓰이던 그곳의 초기 용도가 그 지형을 결정한다. 넓고 평평한 바닥과 높은 천장, 겉으로 노출되는 건물 골격, 콘크리트 바닥, 통창의 개방된 공간 등이 그 대표적 특징이다. 가장 유명한 사례는 아마도 팝아트의 〈교황〉 앤디 워홀의 로프트가 아닐까? 앤디 워홀은 불과 연간 백여 달러의 임대료로 맨해튼 유니온 스퀘어에 위치한 폐공장을 빌렸다. 그가 빌린 이곳은 앤디 워홀의 전시 갤러리로도 활용되고, 촬영 스튜디오로도 쓰였으며, 상영관으로도 이용되면서 앤디 워홀이 사랑해 마지않던 무명 예술가, 유명 스타, 뉴욕의 호화 부유층 사람들을 끌어들였다. 과거 창고로 쓰이던 곳을 작업실이나 아파트로 개조하여 사용하는 이 새로운 거주 형태 〈로프트 스타일〉은 점점 하나의 유행처럼 번져갔고, 주된 트렌드로 자리 잡는다. 아마도 이는 선구자들의 개척 정신을 되살리는 한 방식이 아니었을까?

로프트가 사람들의 사랑을 받는 이유는 기존의 틀을 벗어난 엄청난 규모의 공간에 다양한 라이프스타일을 결부시킬 수 있기 때문이다. 아울러 이는 여러 개의 방으로 나뉘며 정형화된 기존의 중산층 아파트 공간과 결별할 수 있는 한 방식이기도 하다. 프랑스에서는 1980년대부터 로프트 스타일이 등장하는데, 그건 이 시기에 탈산업화 과정이 진행되면서 부수적으로 새로운 공간이 많이 쏟아져 나왔기 때문이다. 예술가들의 뒤를 이어 건축가와 디자이너, 광고 제작자들이 창고를 개조하여 아파트 겸 작업실로 활용하기 시작했고, 이들은 로프트 특유의 심미적 코드를 활용하여 공간을 구축했다.

오늘날은 모든 건축가 세대가 철골 건축으로부터 로프트 스타일의 코드를 이끌어 내고 있으며, 이들은 누가 먼저랄 것도 없이 앞다투어 리벳이나 철근 장선, 유리 벽면 등의 요소를 즐겨 쓴다. 이에 대해 건축가 파브리스 오세는 다음과 같이 설명한다. 〈금속 뼈대와 리벳, 기둥, 유리

벽면 등은 건축적 요소와 역사적 분위기가 동시에 공존하는 구조를
이룬다. 오늘날 리벳을 이용한 접합은 용접 방식으로 대체되었지만,
리벳과 철근 장선은 루이 15세의 내장재처럼 도상학적인 요소가
되었다. 이제는 현대 건축에서 빠지면 안 되는 그림이 된 것이다. 또한
이들 요소는 최대한 많은 상품을 비축하기 위해 공간이 필요했던
창고나 산업 용도의 건물, 작업장 등에 자연히 포함되어 있던 요소였다.
게다가 진정한 로프트라면, 현재에 남아있는 원래의 흔적들을 그대로
유지 · 보존하며, 과거의 기억들을 눈에 보이는 곳에 노출시켜 둔다.〉

옆면: 다채롭고 경쾌한 발상을 하며 중구난방의 아이디어가 수도 없이 샘솟는 소피 르클레르크Sophie Leclerc는 과거 공장으로 쓰이던 곳을 뜯어 고쳐 발랄한 가족들의 거주 공간으로 바꾸어 놓았다. 계단이 있는 공간의 벽면에는 1980년대 뉴욕의 거리 예술에서 볼 수 있을 법한 그림을 그려 넣었다.

위: 1960년대, 팝아트의 교황 앤디 워홀은 몇 푼 안 되는 돈으로 임대료를 지불한 뒤, 폐공장에 자신의 작업실을 마련한다(사진은 1966년의 모습). 뉴욕의 부유층 사람들이 줄지어 다녀간 유명한 〈팩토리〉이다.

어쩌면 진정한 혁명은 바로 이 새로운 거주 형태에서 생겨났는지도
모른다. 도시의 건축적 유산을 재조명하고, 이를 유지해 나아가는 데에
관심을 쏟기 때문이다. 미국에서는 주철 건축이, 영국에서는 템스
강에 넘쳐나던 돌과 벽돌을 사용한 건축이 로프트 스타일을 만들어
냈으며, 파리에서는 리벳으로 접합한 철근 장선과, 주택가 안쪽이나
골목길 구석에 자리 잡고 있던 작업실 혹은 인쇄소의 커다란 유리창이
그 소재로 사용되었다. 수잔 슬레쟁Suzanne Slesin은 〈아무도 손대지
않은 이 산업적 공간들이 우리 시대 실내 디자인 개조의 실험실이 되고
있다〉고 설명한다.[5] 그리고 이어 다음과 같이 이야기한다. 〈대개의 경우,
이들 공간에서 느껴지는 분위기는 섬세하고 세련된 건축을 기반으로
하고 있지 않다. 공간 그 자체, 막히지 않고 확 트인 넓은 공간과 커다란
유리 벽면 등이 그곳 특유의 분위기를 만들어 내는 것이다.〉 따라서
진짜 에펠탑에서 볼 수 있을 법한 철근 장선을 찾아보긴 힘들지만,
그런 흔적이 남아 있을 경우에는 이미 그곳의 역사가 건물에 쓰여
있는 상태라고 보면 된다. 남은 건 지금 이 순간 존재하고 있는 부분에
매달리는 일뿐이다.

원래의 건축 구조가 빛을 발하게 만드는 빛과 공간의 변주곡

건축가 블라디미르 도레Vladimir Doray가 최근 리모델링한 어느
로프트(134-135 페이지의 사진)에서는 그렇게 널찍하고 커다란 공간도,
통유리창도 존재하지 않는다. 다만 가로대가 달린 진짜 철근 장선이
길게 뻗어 있는 모습을 볼 수 있다. 그리고 이 철근 장선이 로프트 안의
전체적인 분위기를 만들어 낸다. 이 철근 장선의 역사는 단연 100년
이상이며, 로프트 안에서 다시금 제자리를 찾은 이 장선은 그렇듯
시간을 초월한 영원불멸의 존재가 됐다. 건축가는 이 장선을 출발점으로
삼으면서 이미 존재하는 것의 가치를 되살리고 그 주위를 꾸며 주어야

했다. 단순히 페인트칠 정도만 새로 하는 것이 아니다. 자재 고유의
가치를 살리면서 묵은 때를 닦아내고 새롭게 재처리해 주는 것이다.
뉴욕의 건축가 다이앤 루이스Diane Lewis는 『로프트*Lofts*』[6]에서
이렇게 이야기한다.〈로프트가 가진 강점은 모더니즘 운동의 직접적인
상속자라는 점이며, 로프트는 새로운 라이프스타일을 추구하려는
모더니즘의 속성을 그대로 이어받았다는 것이다.〉
오늘날 로프트 스타일에 대한 열기는 식을 줄 모르고 있다. 에펠 같은
사람들이 이전 세대에 정의해 놓은 대로의 철골 구조는 이렇듯 놀라운
가능성을 열어 준다. 어찌 보면 이는 로프트 같은 산업적 공간들이
그 엄청난 내부 규모로써 변신의 가능성을 쉽게 열어 주는 것과도
비슷하다고 볼 수 있다.

이미 존재하고 있는 부분에 손을 대어 그 가치가 더욱 빛을 발하도록 만드는 것, 이게 바로 장소의 건축적
유산을 재조명하려 애쓰는 건축가들의 공간에 대한 접근 방식이다.
모든 실내 분위기가 철근 장선을 중심으로 조성되고 있다.

고가구 수집가 미셸 프라슈Michel Peraches 와 에릭 미엘Éric Miele은 산업 스타일을 편애하며
자신들이 좋아하는 풍경을 만들어 낸다.

위: 세련되고 깔끔하게 꾸며진 주방 장식에서 빛나는 그라Gras 램프.
다음 두 페이지: 커다란 장식 패널 역시 산업풍 집기들을 새롭게 재탄생시킨다.

코스쿠르쉬르루아르Cosne-Cours-sur-Loire의 철교, 귀스타브 에펠사 건축

자크 페리에(Jacques Ferrier, 건축가

그는 가벼움의 시인이다. 그에게는 공중에 대한 강박관념이 있다. 지상 위에 발을 붙이고 있지만, 언제든 하늘로 날아오를 준비가 되어 있는 상태다.

에펠이 자신의 교량 작업을 통해, 그리고 세상을 놀라게 한 탑을 통해 깨닫게 해준 사실은 바로 건물에 역시 나름의 아름다움을 갖고 있다는

점이며, 이 아름다움은 새로운 자재로 철재가 있다. 이렇게 해서 에펠은 새로운 세대의 건물을 탄생시켰으며, 그에 따른 영향은 비단 기둥이나 벽,

파사드에 관한 것만이 그치지 않았다. 하늘과 구름, 빛이 그대로 통과하면서 바람과 공기가 통하는 건축이 서서히 그 모습을 드러낸 것이다.

엔지니어인 에펠은 후대의 건축가들의 작품에서 쉽게 찾아볼 수 있는 새로운 양식을 만들어 낸 선구자가 되었다. 그 당시 사람들은 에펠이 만들어

낸 스타일과 이 새로운 소재의 잠재력이 어느 정도일지 깨닫지 못했다. 이 새로운 스타일과 소재의 등장은 예술가들의 볼멘소리와 함께 시작됐다.

그도 그럴 것이, 20세기의 세계가 예고됐기 때문이다. 기계들이 장악한 세계, 연속적인 대량 생산의 세계, 엔지니어가 지배하는 세계가 임박했었다.

기차역에서 보이는 것과 같은 아름다운 철근 장식이나 혹은 역쩍 교량이만 국한될 경우, 젊은 그런처럼 패출 만한 겸촌 정도의 느낌으로써만

다가온다. 하지만 이 급진적인 스타일과 가공되지 않은 순수한 철 소재로서 만국박람회의 아이콘이 된 에펠탑은 사람들에게 받아들여지기가 더

힘들었다. 엔지니어들이 구상해 낸 이 철골 구조는 자재 자체로서의 힘이 존재한다는 점, 기둥과 기둥머리, 서상 같은 역사적 혹은 장식적 코드를

앞세우지 않아도 소재 자체에 시작인 힘이 내재되어 있다는 점을 건축가들에게 일깨워 주었다.

퐁피두센터도 이와 비슷한 맥락에서 탄생했고, 2010 상하이 박람회를 위해 내가 제작했던 프랑스관 역시 그 연장선상에 놓여 있다. 프랑스관 자체

당시, 나는 외부에 철 소재로 된 두 번째 피부를 입혔는데, 이를 통해 사람들은 안의 상황을 모두 엿볼 수 있다. 이는 사람들이 에펠탑을 오를 때이

느낌을 그대로 재현한 것이다. 에펠탑은 리벳이 햇벗이 함연이 햇연이 있다. 크고 작은 가로대의 조합이 만들어 낸 작품이다. 그리고 이 작품은 안에서 우리는 늘 수시없이

흔적을 발견한다. 이물과 에펠탑에는 가벼움이 가벼움이 있다. 7천 톤의 무게인 탑은 너무나도 가볍다.

철제 가구

모더니즘 운동을 이끌어 나가는 스타일리스트, 실내
장식가, 건축가 등에게 있어 철이란 소재는 단순한
재료 그 이상의 의미를 지닌다. 이들에게 철은 합리성
그 자체이다. 이들은 거추장스러운 장식을 거부하고,
순수한 형태 그대로를 중시하는 스타일을 추구한다.

로프트형 아파트는 과거 공장으로 쓰일 때의 철근 장선이나 통유리창 등 처음 그 건물이
만들어졌을 때의 흔적들을 간직하고 있다. 과거의 유산을 보존하면서도 여기에 그 가치를 더해
주는 형태의 건축 스타일이다. 사진 속의 이곳은 산업용 집기와 현대적 디자인을 조화롭게 섞어
놓을 줄 아는 고가구 수집가 덕분에 과거와 현재의 미가 동시에 살아날 수 있었다.

르 코르뷔지에: 에펠에게 경의를…

모더니즘 운동을 열렬히 지지하던 르 코르뷔지에는 산업적 심미성을
옹호하고, UAM(Union des Artistes Modernes, 근대 예술가 연합) 산하에
모인 수많은 모더니즘 신봉자들과 함께 이 사조가 더욱 발전하길 바란다.
그 주축이 된 인물이 로베르 말레스테방스Robert Mallet-Stevens, 르네
에르브스트René Herbst, 샤를로트 페리앙Charlotte Perriand 등이며,
이들의 작품에서 나타나는 특성은 합리적인 접근과 금속 소재의 사용,
그러면서도 프랑스의 호화로운 맛과 노하우의 전통은 버리지 않는 것
등이다. 1925년, 아르 데코 스타일이 맹위를 떨치던 산업 및 장식 예술
박람회에서 르 코르뷔지에는 〈에스프리 누보Esprit Nouveau〉관을
설치한다. 그가 설계한 아파트는 자신의 반 장식적 원칙을 과감 없이
세상에 드러낸다. 내부 공간을 정리함에 있어서도 그는 깔끔함의 원칙을
고수한다. 다른 요소와 결합하고 이에 병합될 수 있는 공간 배치의
방법이란 가급적 간결하게 내부를 꾸미는 것뿐이다. 같은 해 출간된
그의 저서 『오늘날의 장식 예술L'Art décoratif aujourd'hui』을 통해 르
코르뷔지에는 또 다른 국제박람회의 스타급 기념물이었던 에펠탑에
다음과 같이 헌정사를 보낸다. 〈이 책의 표지 사진으로 사용된 에펠탑은
건축물에 들어간다. 1889년, 에펠탑은 측량의 적극적인 표현이었다.
1900년, 심미주의자들은 이 탑을 허물고자 하였다. 1925년, 에펠탑은
근대 장식 예술 박람회를 장악한다. 지저분한 장식으로 비틀리고
왜곡되며 덕지덕지 칠해진 궁전들 위에 군림하는 에펠탑은 수정처럼
순수하고 투명한 자태를 드러낸다.〉

근대 문화가 싹 트던 시기, 건축가 르 코르뷔지에는
처음으로 귀스타브 에펠에게 경의를 표한 인물이다. 그에
대한 인정의 의미라기보다도 부활의 의미가 더 짙다.
1935년, 브뤼셀 만국박람회에서 르 코르뷔지에는 〈선언적인〉 가구를

선보인다. 『창작의 삶*Une vie de création*』에서 샤를로트 페리앙은 다음과 같이 쓰고 있다. 〈이 가구는 운동 공간과 업무 공간 사이에 매달아 놓은 네트 앞을 막아서고 있었다. 3단으로 나란히 칸이 나뉘어 있었으며, 재질은 래커 칠을 한 철판이었다. 사무기기를 생산하던 플랑보 작업실에서 만들어진 것이었다. 하지만 왜《선언적인》것일까? 코르뷔(르 코르뷔지에의 애칭옮긴이 주)는 여기에《줄과 판》의 이미지를 달아 주어 1937년 박람회에 출품되었던《탕 누보Temps nouveaux》관이 연상됐다. 가구의 검은 바탕 위에서 줄들이 반짝거리는 형상 때문이었다. 중간에 달린 문에는 1925년 르 코르뷔지에가 구상한 도시 계획《파리 부아쟁 계획》을 새겨 넣었고, 가구의 측면에는《파리의 영광》을 기리는 그림을 그려 넣어 에펠탑을 만들어 낸 귀스타브 에펠에게 경의를 표했다. 은연중에 그에게 보내는 메시지를 띄운 셈이 됐다.〉

1930년대는 다양한 스타일과 여러 가지 접근법이 풍성하게 나타났던 시기이다. 아울러 장식 예술이 다시금 대두되면서 새로운 소재에 열광하던 UAM 구성원들의 심기가 불편해진다. SAD(Société des artistes décorateurs, 장식 예술가 학회) 회원들은 계속해서 전통적인 스타일을 추구하고, 개성적인 장식이 가미된 실내 장식을 옹호한다. 프랑스식 전통으로 회귀하여 장식과 치장을 중시하는 스타일이 붐을 이루었던 1937년 박람회에서 이들은 독립적인 전시관까지 마련한다. 금속 소재를 지지하는 사람들과 값비싼 나무만을 고수하려는 사람들 사이의 경쟁은 1950년대까지 지속된다.

원래 산업 전시관이었던 이 로프트는 오늘날 한 사진작가의 작업실 겸 거주 공간으로 쓰이고 있다. 건축가 엠마뉘엘 아르솅보Emmanuel Archimbaud와 뤼카 란돌피Luca Landolfi가 만들어 낸 이 공간은 과거의 흔적과 현대적 느낌을 조화롭게 섞어 놓았다.

로프트는 건물의 기본 골조를 숨기지 않으면서 막힌 곳 없이 확 트인 공간 속에서 살아가는 새로운
방식이다. 사진 속의 이 로프트는 건축가 모리스 파도바니Maurice Padovani의 작품이다. 미니멀한
심미성이 느껴지는 이곳에서는 작은 소품 하나도 빛을 발한다.

장 루아예르Jean Royère 와 찰스 임스Charles Eames: 「에펠 시스템」

현대적이라는 말이 진중하고 냉철한 분위기와 동의어가 됐던 시기, 실내 장식가 장 루아예르는 환상이 잔뜩 가미된 어휘를 사용하는 데에 주저하지 않았으며, 등나무와 금속, 목재 등의 소재를 실험적으로 사용한다. 장 루아예르의 「에펠 시스템」이라고도 불리는 놀라운 연작이 탄생한 건 바로 1950년대였다. 에펠탑 시리즈를 만들기 위해 그는 목재와 더불어 금속 소재를 이용했는데, 모더니즘 운동에서 중시하는 소재였다. 루아예르는 이제 모더니즘 운동이 돌이킬 수 없는 경지에 이르렀음을 깨닫고, 이를 수용하여 그 시대에 맞게 적용시켜야 한다고 생각했다. 그는 모더니즘 양식을 고객들의 입맛에 맞게 각색했고, 자신이 선호하던 장식 모티브를 활용하면서 자기만의 디자인 색채를 만들어 냈으며, 쇠공 장식을 덧댄 가로대와 서까래로 신구의 조화를 꾀했다. 당대 최고의 건축 및 실내 장식 전문가인 파트리크 스갱Patrick Seguin에 따르면, 〈그의 가구가 만들어 내는 선에서는 불현듯 에펠탑의 느낌이 스친다. 1889년 만국박람회를 위해 만들어진 이후, 에펠탑은 수많은 예술가들의 작품에서 그 흔적을 나타내고 있으며, 특히 두아니에 루소Douanier Rousseau에서 로베르 들로네에 이르기까지 화가들의 작품에서 많이 등장했다.《에펠 스타일》의 이 가구는 강철이라는 소재가 가진 산업 자재로서의 이미지를 탈피하여 이 실내 장식가의 작품에서 나타나는 특징인 세련된 심미성을 보여 준다.〉전통적인 방식을 추구하던 크리에이터들이 모더니즘 운동에 어느 정도 기여한 일례라고 볼 수 있다. 1950년, 찰스 임스와 레이 임스 부부는 그 동안 항공 부문에서만 쓰이던 소재를 가구에 접목시킴으로써 획기적인 의자 디자인을 세상에 발표한다. 유리 섬유라는 재질을 이용하여 두 사람은 저 유명한 「와이어 체어Wire Chair」를 디자인하였으며, 이 의자는 얇은 강철 소재로 된 다양한 다리 형태로 변형되어 시판됐다. 맨 처음 제작된 당시부터 모델에 따라 DSR, DSX 등의 이니셜로 불리던 이 의자는 곧이어 〈에펠탑

다리〉라는 별칭을 얻게 된다. 임스 사무실의 데니스 오스트로프Denis Ostroff는 다음과 같이 설명한다. 〈이 의자에 왜 그런 별명이 붙었는지 설명할 수 있는 디자이너의 증언은 한 개도 없다. 다만 이 같은 별칭은 이 의자를 사랑하는 사람들이 그 디자인에서 에펠탑과 형태적으로 비슷한 면을 발견하고 붙여준 게 아닐까한다. 확실히 건축학적인 구조상으로 봤을 때, 둘의 유사성은 없다. 그러나 이 의자를 설계한 디자이너들과 에펠탑을 구상한 엔지니어의 접근법 사이에는 서로 비슷한 면을 찾아볼 수 있을 듯하다. 양쪽 모두 경제성과 제작 속도, 소재의 가벼움, 장식성의 배제 등에 신경을 썼기 때문이다.〉

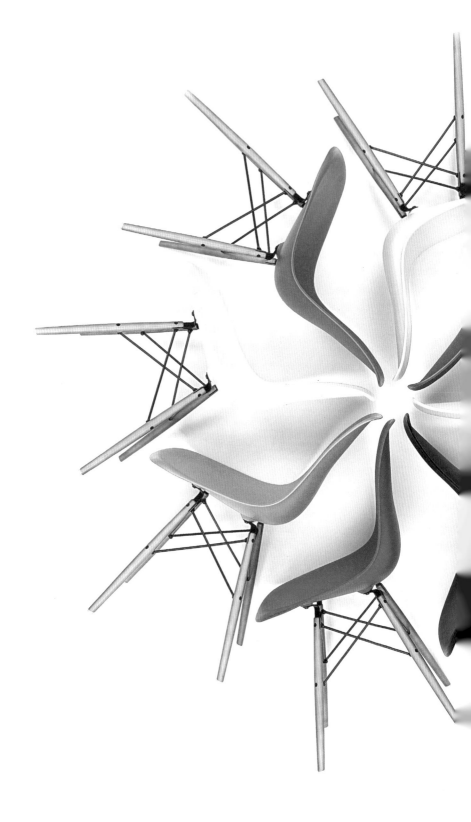

1950년대 찰스 임스는 혁신적인 의자 디자인으로 센세이션을 불러일으켰다. 나무와 강철로 된 의자 다리는 〈에펠탑 다리〉라는 별칭이 붙었다.

산업혁명 시대에 쓰이던 자재들이 진화하고 있다. 실내 장식 역시 장 프루베Jean Prouvé의 가구와 그라 램프들로 분위기가 달라진다. 리벳의 시대 이후 용접이라는 접합 방식이 탄생하면서 또 다른 디자인이 탄생한다. 현등은 디자이너 멘고티Mengotti의 노테 플루오Notte Fluo, 실내 구조 배치는 미셸 프라슈와 에릭 미엘이 담당했다.

테이블로 초대된 귀스타브 에펠

하나의 스타일을 어떻게 정의할 수 있을까? 엘리자베스
쿠튀리에Élisabeth Couturier는 『디자인 사용법Design, Mode
d'emploi』에서 다음과 같이 설명한다. 〈스타일이란 전형적인 특징들의
조합이자, 반복적인 기호와 모티브의 일람이다. … 내적인 구성의
측면에서 봤을 때, 이는 한 시대를 집대성해 놓은 것과 비슷하게
작용한다.〉

오늘날 프랑스에서든 전 세계적으로든 여러
디자이너와 가구 제작자들이 에펠탑의 그래픽 아트적
요소를 참고하여 이를 자신의 창작 활동에 이용한다.
슈타이너의 테이블 「귀스타브」와 일본의 후지시로
시게키가 만든 「에펠」 의자가 이에 해당한다.

결과적으로는 그렇게 많이 개발되지 않은 파리의 건축 유산에 착안하여
새로운 형태들이 탄생하고, 그 은연중에 역사적 측면이 나타난다.
디자이너 브뤼노 르페브르Bruno Lefèvre의 설명에 따르면, 〈에펠탑은
여러 가지 해석이 가능하다. 에펠탑은 육중한 동시에 가볍고, 사람들이
탑을 바라보는 시각은 가까이 가서 볼 때와 멀리서 볼 때가 각각
달라진다. 내가 슈타이너Steiner 측에 에펠탑을 테마로 한 가구 라인을
만들 것을 제안했을 때, 이는 전체적으로 표현되는 디자인체를 만들어
보라는 것이었지, 똑같은 복제품을 만들라는 게 아니었다. 작업의 기본
골조가 되었던 건 바로 그 독보적인 철망 구조였다.〉 용접 없이 레이저로
절단하고 철판을 휘어 만든 「귀스타브」 테이블은 채광창이 달린
에펠탑을 연상시킨다. 선의 빈틈을 메워 주는 조명 빛은 에펠탑의 그림자
조명 효과에서 영감을 받은 것으로, 중간 중간 뚫려 있는 여러 개의
구멍으로 조명 빛이 새어 나온다. 철골 구조 안의 광원으로부터 빛이
투과되어 나오고, 할로겐 조명을 사용하여 스탠드의 모든 높이에서 굵은

빛줄기가 새어 나온다.

팔걸이가 없는 형식의 「에펠」 의자를 만든 일본 디자이너 후지시로
시게키藤城成貴는 금속이 최고의 소재라는 불문율에서 벗어나 그 조립
방식에 충실한다. 건축적 요소를 이용한 그의 작품은 특수 재질의 두꺼운
종이를 조합하여 만들었으며, 각 부위의 연결은 작은 리벳을 이용하였다.
에펠탑의 건축 구조가 연상되는 형태이다. 「샹티에Chantie」 컬렉션을
통해 쥘리앙 콜몽 드 로지에Julien Kolmont de Rogier는 작은 리벳을
이용하여 마치 조립식 완구처럼 선반 기둥과 탁자 다리를 조립했다.
금속 조각가인 카롤린 코르보Caroline Corbeau 역시 레이저 절단
작업으로 「시펠Siffe」이란 의자를 만들었는데, 이 또한 에펠탑에 경의를
표하는 〈에펠풍〉 가구에 속한다.

위: DKR-2 의자, 찰스 임스와 레이 임스 디자인, 1951년.
뒷면 왼쪽: 다이아몬드 의자, 해리 베르토이아Harry Bertoïa 디자인, 1952년.
뒷면 오른쪽: 에펠탑, 사진은 로슬러 야스로슬라브Rössler Jasroslav, 1929년.

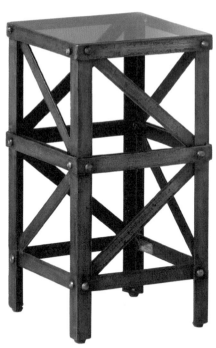

현대 미술 작품들은 가로대를 그래픽 아트 같은
분위기로 표현한 경우가 많은데, 금속과 유리
소재를 이용한 팔걸이 없는 의자(왼쪽)의 경우와
어딜 봐도 에펠에 대한 헌정 메시지가 확연히
드러나는 금속 의자(색상은 블랙과 레드 두
가지로, 카롤린 코르보 작품, 162-163 페이지)의
경우가 이에 해당한다. 작업실 현등이라고 해서
이 같은 메탈 소재의 세계에 불협화음을 넣지는
않는다(옆면).

1950년, 실내 장식가 장 루아예르는「에펠 시스템」이라고 불리는 가구를 제작함으로써 에펠에 대한 경의의 뜻을 표현했다. 그는 금속 소재와 가로대를 이용하여 조명 및 테이블 다리를 연작으로 만들었으며, 왼쪽의 작품은「에펠탑」거실 스탠드로, 1947년 작품이다.

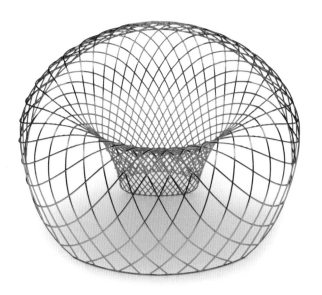

곳곳이 뚫려 있는 투명한 안락 의자 「르버브
와이어Reverb Wire」는 호주의 디자이너 브로디
닐Brodie Neill 작품으로, 작가는 모티브가 만들어 내는
기하학적 효과와 메탈 소재가 만들어 내는 거울 반사
효과를 이용하고 있다.

위: 에펠의 X자형 가로대가 얽히고설켜 만들어 내는 그래픽 아트적인 매력에 사로잡힌 일본
디자이너 후지시로 시게키는 종이 재질로 된 팔걸이 없는 의자를 제작한다. 언제든 조립이 가능한
이 작품은 조립식 완구처럼 해체된 부품의 상태로 판매되며, 포장에는 에펠탑 직인이 찍혀 있다.
옆면: 에펠탑의 가로대 사이로 보이는 풍경, 사진은 마르크 리부, 1964년.

옆면 위: 쥘리앙 콜몽 드 로지에의 「샹티에」
컬렉션은 다리 부분의 조각과 리벳으로 이뤄진
조립식 완구 같은 느낌이다.
슈타이너 브랜드의 경우, 디자이너 브뤼노
르페브르는 에펠탑의 그래픽적인 요소를 차용하는
선을 구상했으며, 그 같은 그래픽적 요소들이
은연중에 역사적 측면을 부여해 준다.
옆면 아래: 높이가 낮은 「귀스타브」 테이블은
레이저로 절단하고 철판을 휘어 만든 것이다.
오른쪽: 탑의 그림자 효과에 착안하여 만든 할로겐
조명이다.

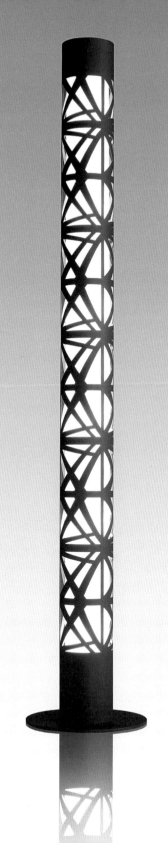

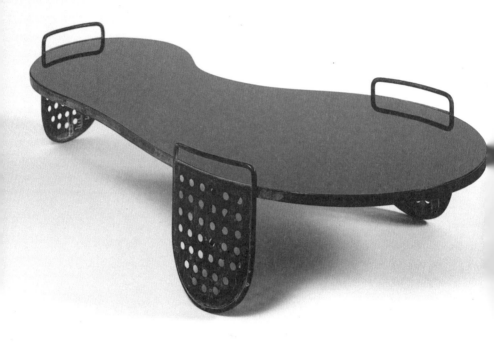

모더니즘이 꽤 차가운 분위기를 추구하던 시대, 실내 장식가 장 루아예르는 과감히 환상으로
가득 찬 형태를 시도한다. 「에펠 시스템」이라 불리는 컬렉션 외에도, 그는 자신이 선호하던
장식 모티브를 활용하면서 금속 소재로 작품을 만들어 냈다.

산업적 분위기가 풍기는 시크한 루이 16세풍 콘솔, 메탈과 로소 레반토 대리석 소재 이용.
루이 16세의 스타일과 에펠 스타일을 혼합하여 작가가 금속 소재로 표현,
Ch. Abbe(본명은 크리스토프 아베Christophe Abbé).
170-171 페이지: 고급 디자인 가구 브랜드 로슈 보부아Roche Bobois의 산업풍 가구. 커다란 탁자는
참나무와 녹슨 금속 소재를 이용하여 만들었으며, 선반과 의자는 금속과 오래된 가죽을 사용.

산업 양식의 선봉장, 리벳

한 시대에 대한 향수인지도, 미니멀리즘의 심미성을
되찾고자 하는 바람인지도 모르겠지만, 오늘날 금속
소재로 된 집기들이 차츰 집안으로 들어오고 있다.
심지어 100년 전에는 작업실이나 공장, 사무실에서나
보이던 가구들까지도 집안으로 침투해 들어온다.

리벳을 이용한 현대적 감각의 테이블.

오늘날 우리가 긁어모으고 있는 이런 산업풍의 조명등과 가구들은 다 어디에서 온 것일까? 20세기 초, 한창 돌아가던 공장들은 붙박이 옷장, 세면대, 테이블, 사무용 의자 같은 집기들을 갖추고 있었다. 마찬가지로 사무실 역시 그 기능에 완벽하게 부합하는 형태의 특화된 집기들로 이루어져 있었다. 이에 따라 서랍형 서류 보관함, 각 관절의 각도 조절이 가능한 제도용 스탠드, 서류 보관철 등의 실용적인 사무기기들이 탄생한다. 공공장소 역시 흐름에 부응했다. 여가 생활이 진전되면서, 작은 정자와 벤치, 온실 등이 거리와 도심 공원에서 자리를 잡아 갔는데, 이러한 형태의 가구와 집기들이 대량 생산이나 그 당시의 위생 및 치안 기준에 적합했기 때문이다. 청소하기 쉽고 불에 타지 않는 금속 소재는 모든 걸 장악했다. 우편함이나 들어 올리는 문 형태의 정리장 같은 걸 만들어 낸 사람이 누구인지는 확실히 모른다. 이는 소재의 특성을 정확하게 파악하고 이용할 줄 알았던 엔지니어와 장인들의 작품이기 때문이다. 기능에 치중한 산업용 집기들은 매우 구체적인 제 기능에 충실하고 있으며, 이에 대해 르 코르뷔지에는 〈전형적인 필요성=전형적인 가구〉라는 간결한 공식으로 요약한다.

19세기 말, 금속 소재는 심미성과 근대성에 관한 논란의 핵심에 있었다. 금속의 이용으로 새로운 건축 양식에 대한 길이 열렸으며, 이로써 산업적 유산에서 비롯된 스타일 코드가 부상할 수 있었다.

오늘날 체육관 라커룸은 현관 입구에서 제자리를 찾았고, 제도용 작업실 램프는 책장으로 변신한 자재 선반 위를 장식한다. 금속이라는 새로운 소재를 둘러싸고 여러 가지 창작 행위가 이어지는 가운데, 저마다 제작 방식은 제각각이었지만 기본적으로 추구하는 방향은 모두 동일했다. 시간이 그 흔적을 새겨 놓은 소재를 선택하는 것이다. 앞에서 주도해 나아가는 산업 스타일 선구자들은 새로운 영역을 개척하려 나선다.

고가구 수집상이나 골동품 상인들은 점차 전문화되는 양상을 보이며 램프와 의자, 오래된 작업용 가구, 공장이나 사무실 혹은 작업실에서 긁어모은 가구와 집기들로 매장을 가득 메웠다. 이 밖에도 집기나 가구의 형태를 다시 만들어 내는 작업에 파고들며 그동안 잊혀져 가던 금속 제조 혹은 철물 제작 같은 작업들과의 연결지점을 만드는 사람들도 있었다.

가장 세련되고 정제된 형태의 메탈 소재.

옆면: 철근 장선과 격자무늬 철골 구조. 사진은 장크리스토프 바요, 에펠탑, 2003년.

위: 산업 양식의 지엘데Jieldé 관절 스탠드.

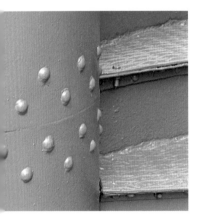

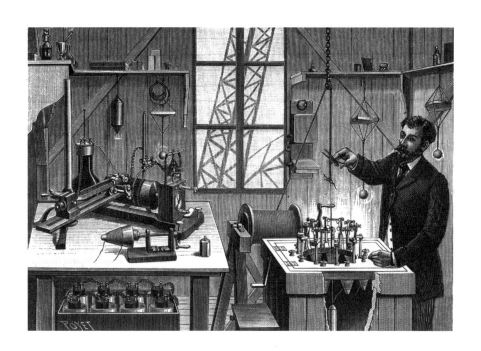

옆면: 작업용 가구들.

위: 이 오래된 판화 작품은 과거 에펠탑 정상에서 이루어진 중력 실험의 모습을 보여 준다.

옆면: 산업혁명 시대, 1851년 런던 박람회를 위해 만들어진
수정궁은 금속이라는 소재의 위업을 보여 주었다.
위: 새로운 건축 형태로의 길을 열어 주는 건설적인 구조.

사실 볼트와 리벳으로 조인 철근 장선들만 되찾은 것으로는 부족했고, 모든 종류의 금속 부품을 다 꺼집어내서 재작업을 해야 했다. 기존의 부속품들을 조립하여 이를 제도용 탁자나 팔걸이 없는 의자, 책장 등으로 변형시키는 것이다. 산업 스타일 가구의 전문가인 질 우댕Gilles Oudin은 〈이런 형태의 가구와 집기들이 탄생하던 황금기는 1880년대에서 1940년대 사이〉라고 설명한다.〈산업용 스타일의 가구라고 했을 때, 이 용어는 세 가지 범주를 포함한다. 첫 번째는 작업용 가구로, 공방의 장인들이 사용하는 작업 테이블과 제도용 램프, 치과 진료용 의자 등이 이에 속한다. 두 번째는 사무용 가구다. 사무실 의자나 서랍형 정리함 등이 그 예다. 끝으로 마지막 세 번째 범주는 작업복 보관함이나 작업용 의자 등과 같은 공장용 가구와 집기들이다. 리벳이란 도구는 하나의 시대를 상징하며, 금속을 가지고 작업을 하던 대표적인 방식이다. 19세기에 흔히 사용되던 가구 제조 기법이 그와 같았음을 인증해 주는 부분이다. 이후 용접이라는 방식으로 넘어가면서 가구는 보다 밋밋한 디자인의 양상을 띤다.〉

리벳에 대한 관심의 부상 – 단순한 건축적 요소를 넘어서서, 리벳은 이제 하나의 스타일을 나타내는 상징성을 띠게 됐다. 어떤 가구들은 작업장이나 선박에서 나온 녹슨 동판을 활용하여 만들어지기도 하는데, 여기에도 역시 리벳은 어김없이 등장한다.

산업 양식의 핵심에 서 있는 리벳은 전문가의 작업임을 표현해 주는 도구가 되기도 하고, 또 한편으로는 탑의 건설이 이뤄질 당시 에펠탑에 올라가 작업하던 사람들의 숱한 사진들을 떠올려 주기도 한다. 리벳 인부들로 네 명씩 짝을 이뤄 구성된 작업조는 매일 거의 백 명 가까이가 거의 곡예와도 같은 상황에서 탑에 올라 작업을 진행했다. 나이 어린 견습생들은 작은 화덕에서 리벳을 발갛게 달구었고, 못을 잡고 서 있는 사람은 이미 형태가 완성된 못 머리를 쥐고 구멍 속에 리벳을 집어 넣은 상태에서 이를 고정한다. 반대편에서는 다른 쪽 끄트머리를 두드리고 짓이겨서 또 다른 리벳 머리를 만든 뒤, 망치로 리벳을 두드리는 역할을 맡은 사람이 세게 내리쳐서 납작하게 찍어 작업을 완성한다.

이상이 철을 가지고 작업하는 새로운 인부들의 작업 과정이다. 『300m의 에펠탑La Tour de 300 mètres』[7]의 기술적 설계 부분의 책장을 넘기면서, 마티유 르노르망Mathieu Lenorman 은 금속으로 작업하고 싶다는 욕구를 발견한다. 그는 철공예 작업실에 들어가서 철을 절단하고 이에 구멍을 뚫으며 볼트로 죄는 법을 배운다. 이어 그 자신의 작품을 만들어 내는데, 일단은 주철로 된 낡은 철망이나 단련된 쇠 같이 기존의 자재들을 재활용하여 작업한다. 이어 직접적으로 에펠 스타일에서 영감을 받은 가구들의 제작에 매진한다.

바르셀로나 근교에서 글로리아 마르제나Gloria Margenat는 다섯 명의 전문 장인들에 둘러싸여 철을 가지고 작업한다. 예술사학을 전공한 뒤, 고가구 리폼 전문가로 활동 중인 그는 섬유 공장에서 나온 자재들을 대거 매입하여 이 특별한 산업적 유산에 제2의 인생을 찾아 준다. 자신의 자재 창고에서 그는 백년 이상 된 기계와 도구들의 부품을 재작업하여 놀라울 정도의 현대식 가구를 창조해 낸다. 가로대가 달린 철근 장선은 사각대로 변신하여 커다란 탁자의 다리가 되기도 하고, 가죽 벨트 묶음이나 공업용 목재 주형들도 리모델링을 기다린다.

에펠탑의 장선 연결은 탑 위에서 거의 곡예를 부리는 수준으로 작업했던 리벳 인부들을 통해 이뤄졌다.
에펠탑의 다리 하나 당 총 여섯 개의 작업 팀이 필요했고, 각각의 작업 팀은 네 명으로 이루어졌기
때문에 하루에 거의 100명에 가까운 인부들이 에펠탑에서 리벳을 박았다. 철로 된 18,000개의 부품을
잇는 데에 총 250만 개의 리벳이 필요했고, 이와 함께 탑의 높이는 점점 더 높아졌다.

플랑보Flambo의 공장식 골동품 의자.

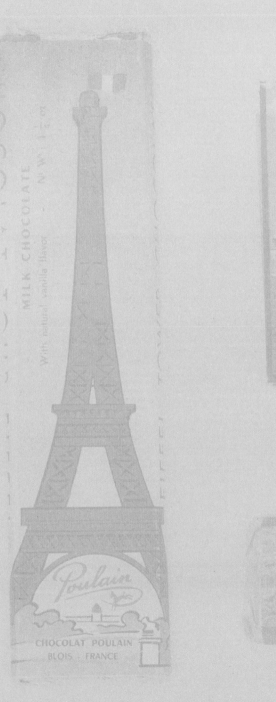
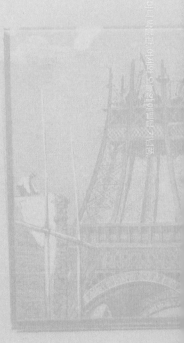

기념물에서
장식물로의 전환

샹드마르스 공원을 지키고 서 있는 에펠탑은 오늘날 경매 장에서 스타 몸값을 받게 되었으며, 파리의 시크한 분위기를 상징하는 아이콘이 되었다. 여러 사람들에게 향수를 불러일으키는 주체이자 낭만적인 분위기를 조성하는 주체이기도 하면서, 괴리감을 주기도 하는 에펠탑은 여전히 모든 이를 매료시키고 있다.

점점 높아지는 몸값

1889년의 어느 화창한 날, 세련된 옷차림에 실크
해트로 치장한 귀스타브 에펠은 탑의 2층과 3층을
이어 주는 나선형 계단 위에서 포즈를 취한다.

귀스타브 에펠과 그의 사위이자 동업자인 아돌프 살Adolphe Salles, 1889년.

에펠탑 정상의 기단 높이를 더 연장시켜 주는 깃대 위에 프랑스의
삼색기를 꽂아 넣은 에펠은 계단 난간에 기대어 미소를 지은 채 한
손에는 지팡이를 들고 이 순간을 만끽한다. 엔지니어로서 그의 꿈이
이루어진 순간이다. 22개월의 작업 끝에 에펠탑은 만국박람회 기일에
맞게 공사 일정의 지연 없이 무사고로 완공됐다. 그리고 박람회장에서
탑은 절대적 스타의 지위에 올라선다. 그로부터 120년 후인 2009년 12월
14일, 크리스토프 뤼시앙Christophe Lucien이 드루Drout 호텔에서
주최한 〈내 사랑 파리Paris mon amour〉 경매에서 대략 6만~8만
유로 정도로 추정되는 이 나선형 계단의 한 구간이 10만 유로 이상에
낙찰됐다. (전년도 소더비 경매에서 최고 기록을 세웠던 경매가는

> 자신이 즐겨 쓰던 자재를 통해 귀스타브 에펠은
> 엔지니어로서의 자기 꿈을 실현했다. 〈탑은 그 나름의
> 아름다움을 갖고 있다.〉 철은 돌을 기반으로 한 모든 경쟁
> 프로젝트를 이겼다.

55만 2,750 유로였다.) 파리 특유의 광고 기둥과 가로등, 신문 가판대
등 프랑스의 수도를 상징하는 300여 개의 물품들과 어깨를 견주게 된
이 7.8m 높이의 계단 일부분은 대표적인 경매 출품작이 되었다. 〈16번
출품작은 에펠탑의 나선형 계단으로, 1889년 만들어진 작품이며 철에
도색 처리를 한 것으로, 계단은 모두 40개, 둥글게 휘어진 난간은 쇠로 된
네 개의 쇠줄이 나란히 이어진 형태이고, 기둥이 중간 중간 이를 지탱해
주어…〉 가운데 몸통 위에 덧대어진 철판은 이 계단이 그 전에 있었던
1983년 12월 1일의 에펠탑 관련 경매에서 온 것임을 알려 준다. 그 당시
새로운 안전 기준에 부응하기 위하여 SETE(Société d'exploitation de la
Tour Eiffel, 에펠탑 운영회사)는 2층과 3층을 연결해 주던 마지막 나선형
계단 구간을 모두 해체했다. 계단은 모두 제각각의 길이로 잘라져 총
24개로 나뉘었는데, 그중 하나는 에펠탑 1층에 보존되었고, 세 개는

프랑스 박물관에 기증되었다.

그렇다면 역사가 서린 이 계단이 좋다며 앞다투어 가져간 사람들은 과연 누구일까? 파리를 사랑한 사람들, 에펠탑에 대한 향수를 간직한 사람들은 그 자신의 개인적인 만족감을 위해서 계단을 구입하기도 했고, 때로는 메세나 차원에서 이를 구입하기도 했다. 한 개는 일본의 어느 상인 겸 수집가가 가져가서 야마나시(도쿄에서 120km 거리)에 있는 요시이 재단의 정원에 설치한다. 또 다른 하나는 〈언제나 더 높이〉라는 좌우명을 보여 주기 위한 용도로 네덜란드의 어느 사업가가 자신의 회사 내에 가져다 놓는다.

일부는 에펠이 철골 구조를 설계한 뉴욕 자유의 여신상을 장식하는 용도로 이용되기도 했으며, 또 다른 일부는 월트 디즈니 소유가 되어 디즈니랜드의 에펠탑 복제품 가까이에 설치되었다. 두 개는 가수 기 베아르Guy Béart가, 한 개는 귀스타브 에펠이 안치된 르발루아 페레 시가 가져갔으며, 노장쉬르마른Nogent-sur-Marne 시가 가져갔던 한 개는 오늘날 되팔린 상태다. 계단의 또 다른 두 구간은 뉴욕과 뉴올리언스의 레스토랑에서 각각 그 자리를 찾았으며, 캐나다와 스위스로 간 것들도 있었다. 최근에 나선형 계단의 한 구간을 사간 사람들 가운데에는 프랑스의 고철 수집상이 있었는데, 그는 계단을 모두 해체하여 이를 조각조각 되팔았다. 그 같은 결정에 대해 그는 〈예술을 거리로 내보내어 아름다움을 느끼는 즐거움을 확대시키려던 것〉이라고 설명했다. 그러면서도 〈한때 괜찮은 장사였다〉며 좋아하던 그는 과거 베를린 · 장벽의 일부를 사들여 같은 방식으로.되팔았던 전력을 밝혔다.

그로부터 1년 후, 같은 경매회사에서 에펠탑과 관련된 물건들을 경매에 내놓는다. 이 가운데에는 에펠탑 형태의 시계도 있었고, 탑의 철골 구조에서 나온 철제 가로대도 있었으며, 귀스타브 에펠이 탑의 꼭대기에 지었던 아파트의 테라코타 재질 난간살 2조도 있었다. 경매를 통한 판매는 계속 이어졌고, 나선형 계단의 주인도 계속해서 바뀌었다.

이에 따라 2011년 6월 16일, 과거 1983년 에펠탑에 관한 아데Ader 경매에서 양도된 계단 일구간이 다시금 뉴욕 크리스티Christies 경매에 나왔다. 원래 소유주가 회색 도장 처리된 철제 계단 14개를 완벽하게 복원시켰으나, 경매가는 12만 달러 수준에 못 미쳤다. 직경 1.72m, 높이 4m의 이 나선형 계단 일구간은 고작 6만 5,600유로에 판매되었는데, 아마도 나선형 계단 구간의 일련번호를 나타내는 패널이 사라졌기 때문이 아닐까 싶다.

골동품 수집에 관한 한 에펠탑은 어디서든 인기가 높다. 파리를 무척 사랑하고 이 도시 및 그에 관련된 상징적인 물건들을 테마로 한 경매도 많이 조직하는 크리스토프 뤼시앙은 에펠탑을 주제로 한 경매에 대해 사람들의 끊이지 않는 관심을 놀라워한다. 〈에펠탑 모양의 페이퍼 나이프에서부터 매우 드물긴 하나 전시회에서 나온 유리 반구 안의 나무 모형에 이르기까지, 온갖 것들이 다 있다. 전시되고 보여지기 위해

> 골동품 수집에 관한 한 에펠탑은 어디서든 인기가 높다.

만들어졌던 이 탑은 애초 철거될 운명이었으나 오늘날까지 살아남아 모두를 매료시키는 대상이 되었다. 게다가 역사와 문학을 통해 알 수 있듯이, 탑은 늘 논란을 불러일으키는 대상이자 은유적 해석을 초래한다. 세계 여러 곳을 돌아다니는 편인데, 파리로 다시 돌아오고 나면 이 도시의 경이로운 조화로움을 늘 새로이 발견한다. 파리를 대표하는 모든 건축물들은 완벽하게 도시의 풍경 속에 녹아 들어가 있으며, 마술과 같은 어울림을 만들어 낸다. 내 생각에는 에펠탑과 퐁피두센터가 한 도시의 시대적 분위기를 나타내 주는 완벽한 사례가 아닐까 한다.〉

부채, 보관함, 펜촉, 시계가 달린 에펠탑 모형 등 가방에 에펠탑 기념품 하나 넣지 않고 파리를 떠나기란 불가능하다. 〈에펠탑 매니아〉는 탑이 완성되던 날부터 그 역사가 시작된다. 사람들은 계속해서 에펠탑의 형태를 모방하고 미니 사이즈로도 탑을 만드는가 하면, 필요 이상으로 크게 탑의 모형을 제작하기도 한다. 에펠탑 잡화점에 가면 탑을 테마로 한 쓸모 있는 물건, 쓸모 없는 물건들이 모두 보이고, 레트로풍으로

만들어진 제품이 있는가 하면 현대적 감각의 디자인 제품도 존재한다. 하나의 상징물로써 그 실체를 소유하는 듯한 느낌을 갖는 건 늘 꿈같은 일이다.

성냥으로 만든 에펠탑, 조립식 에펠탑, 종이로 된 에펠탑, 철사로 만들어진 에펠탑 등 에펠탑은 모형 애호가들을 항상 행복하게 만든다. 198 페이지의 사진은 1959년에 찍은 것.

탑을 오르는 건 마치 원정을 떠나는 것과 비슷한 느낌의 특별한 경험이다. 기념 메달을 각인할 때도 있고, 에펠탑 기단에서 별 모양으로 칼집이 난 패널 사진에 고개를 내밀고 사진을 찍기도 한다. 사진은 드니즈 벨롱Denise Bellon, 「에펠탑 50주년Cinquantenaire de la Tour Eiffel」 시리즈에서 발췌.

시간이 흐르면서 탑의 나선형 계단은 여러 개로 나뉘어 여러 박물관과 민간의 손에 넘어갔다.
위: 피에르 부셰Pierre Boucher가 찍은 1931년 계단 사진.
옆면: 매우 흡사하게 만든 모사품으로, 현대적 인테리어 소재로 활용.

소장과 수집에 집착하는 사람들

에펠탑이 세상에 소개된 직후부터 탑의 모양을 본뜬
상품이 불티나게 팔리기 시작했고, 탑은 가능한 모든
소재를 활용하여 온갖 형태로 복제됐다.

거대한 에펠탑 아래에서, 1950년대 쟈닌 니엡스Janine Niepce가 본
「에펠탑 마니아TOUREIFFELMANIA」

에펠탑을 이용한 마케팅이 가장 먼저 이뤄진 건 프랭탕 백화점에서 제작한 에펠탑 기념 메달이었다. 이 메달은 박람회 기간 중 탑에 올라가야 살 수 있었기 때문에 에펠탑 원정을 하고 왔다는 소중한 징표였다. 사실 탑이 지어진 순간부터 엔지니어 샤를 드빅Charles Devic은 탑의 제작에 이용되지 않은 자투리 자재들을 활용하여 기념품을 만들면 좋겠다는 아이디어를 떠올렸다. 그는 귀스타브 에펠에게 자투리 자재들을 매입하게 해달라고 제안했고, 프랭탕 측의 쥘 잘뤼조Jules Jaluzot와 손을 잡아 1887년에 계약서를 작성한다. 계약서의 조항에 따르면 에펠은 〈탑의 제작 과정에서 나온 모든 자투리 자재나 쓰고 남은 귀퉁이, 절단 후 쓸모 없게 된 가장자리의 부스러기들에 대해 100kg당 평균 8프랑의 가격으로〉 인도해야 한다. 〈이 자투리나 귀퉁이 자재들은 에펠탑을 연상시키는 각종 기념품 제작에 쓰일 것〉이었다. 이 같은 시도는 결국 소송으로 이어진다. 프랭탕 백화점에서 판매되는 미니어처 버전의 에펠탑 가운데 진짜 탑의 제작에 사용된 금속 자재는 단 1g도 안 된다는 사실을 에펠이 알게 됐기 때문이다.

미니어처 에펠탑의 탄생은 탑의 모양을 따라 만들어 팔 수 있는 독점권의 문제를 낳았다. 1889년 3월 14일, 프랑스 최고 행정재판소 참사원은 에펠탑이 공공의 기념물이라는 판결로 사태를 일단락 짓는다. 에펠탑의 복제권에 관한 봉인이 해제되자, 이제 누구나 〈에펠탑 마니아〉가 될 수 있는 권리가 생겼다. 이때부터 탑의 모양을 본뜬 온갖 종류의 물건들이 쏟아져 나왔으며, 조잡한 기념품에서 고가의 수집품에 이르기까지 탑은 다양한 형태로 복제됐다. 이로써 에펠탑의 첫 복제 코드가 마련된다. 1939년, 약칭 〈로미Romi〉라고 불리는 소설가 겸 수집가 로베르 미켈Robert Miquel은 자신의 저서 『에펠탑의 대중 예술L'Art populaire de la Tour』에서 에펠탑이 불러일으키는 열기에 대해 다음과 같이 분석했다. 〈다른 나라의 수도에는 에펠탑과 비슷한 그 어떤 기념물도 존재하지 않는다. 그리고 프랑스 국민들은 그와 같은 탑을 소유하고

있다는 것에 대해 자부심을 느낀다. … 처음 10년간은 기념품이 오로지
각 가정 내에서 파리 여행과 박람회 방문, 에펠탑 등반을 기념하고
인증하는 용도로 쓰였다. 지방에서는 금속 재질의 탑 속에 온도계나
반짇고리를 정교하게 박아 놓은 에펠탑 기념품을 누가 가져오면, 그
사람은 마을에서 스타가 되었다. 매일 밤 그 사람의 주위로는 동네
아이들이 모여들었고, 둥그렇게 그 사람 주위를 둘러싼 아이들은
아찔한 에펠탑 등반에 관한 흥미로운 이야기를 지겨운 기색 하나 없이
경청했다.〉로베르 미켈은 여기에서 한 발 더 나아가 에펠탑 수집벽을 그
재질에 따라 네 가지 범주로 분류한다. 종이류와 금속류, 유리 제품류,
섬유 제품류 등의 네 가지가 그것이다.

축소된 크기의 모형일지언정 자기 집에 이를
소유하고 있다는 것, 테이블 한쪽 구석 위에 놓여 있는 탑을
내려다볼 수 있다는 것, 이건 곧 자신이 그 거대한 에펠탑을
지배하고 있다는 뜻이며 자신의 품 안에 이를 두고 있다는
걸 의미했다.

파리의 상징으로서 에펠탑은 지금도 여전히 사람들을 매료시킨다. 하루
만 오천 명에 육박하는 방문객들은 탑의 정상까지 올라갔다 내려오고
나면 어떻게 해서든 이를 기념하려 애를 쓴다. 탑의 발밑에선 온갖
잡다한 기념품들이 즐비하고, 그 크기와 재질도 다양하다. 어떤 탑은
불빛으로 반짝거리기도 하고, 유리나 철, 도자기로 만들어진 탑도 있다.
약간의 취기를 담을 수만 있다면 어떤 병이든 상관없다. 축소된 크기의
모형일지언정 자기 집에 이를 소유하고 있다는 것, 테이블 한쪽 구석
위에 놓여 있는 탑을 내려다볼 수 있다는 것, 이건 곧 자신이 그 거대한
에펠탑을 지배하고 있다는 뜻이며 자신의 품 안에 이를 두고 있다는 걸
의미했다. 롤랑 바르트 역시 다음과 같이 요약한다. 〈작은 에펠탑 모형이
많아지고 복제에 대한 상상과 환상이 번져 나가며 사람들은 어떻게든

이를 가지려 애를 쓰는 듯하다. 이 모든 건 탑의 구축과 관련한 두 가지 환상에서 비롯된다. 탑의 모형을 산 사람들 저마다가 그렇게 탑을 손에 넣음으로써 그 자신이 스스로 탑을 만든 듯한 기분을 맛보기 때문이다. 우선 그 첫 번째 환상은 우리가 에펠탑의《소형화》라고 부를 수 있는 부분과 관련이 있다. 에펠탑은 일단 그 엄청난 높이로써 유명세를 탄 건축물이다. 그런 건축물의 축소판을 갖게 된 기념품 구매자는 그 커다란 탑을 자신의 손안에, 자신의 테이블 위에 올려 놓을 수 있게 됐다는 데에 다시금 놀라움을 느끼게 마련이다. 자신의 테이블 위에 놓인 탑의 축소판이 실제 에펠탑, 복제된 에펠탑이 아니라는 사실은 구매자 본인도 어렴풋이 짐작할 수 있다. 이는 미래의 에펠탑, 앞으로 만들어지는 대로의 에펠탑이었다. 사실 환상의 측면에서는 모형이든 자질구레한 기념품이든 별 차이가 없다. 어느 쪽이든 사용자는 그 자신이 탑의 건축가이자 엔지니어가 되며, 재료를 지배하고 다스리는 자가 된다. 그리고 이게 바로 구매자의 두 번째 환상이다. 미니 에펠탑이 이렇듯 광적으로 늘어나는 현상을 통해 우리가 알 수 있는 점은 에펠탑이 모두의 소유라는 점, 나아가 그 모든 상상의 대상이 된다는 점이다.》

TV채널 파리 프르미에르Paris Première의 의뢰로 수상 트로피 디자인을 구상하던 이브 카스틀랭Yves Castelain은 작은 에펠탑 모형 기념품에 색깔 옷을 입히는 재미난 발상을 한다. 이는 무척 성공적이었다. 에펠탑이 다양한 색깔 옷을 입은 「메르시 귀스타브Merci Gustave」 컬렉션은 이렇게 탄생되었으며, 이 새로운 디자인의 에펠탑 모형을 선봉으로, 이후 다양한 탑의 변형이 이뤄졌고, 평범하기 짝이 없던 기념품은 수집가들과 파리 애호가들을 설레게 하는 소장용 수집품으로 거듭났다. 이브 카스틀랭은 패션 및 보석 세공 전문가인 나탈리 르레Nathalie Leret와 손을 잡았고, 에펠탑에 심취한 이 두 사람은 의뢰 주문에 따라 다양한 디자인의 에펠탑을 제작한다. 끝없이 탑의 형태를 변화시키는 즐거움을 만끽하던 두 사람은 매년 그해의 주요 이슈와

「메르시 귀스타브」 컬렉션 중 「라 바야데르La Bayadère」 모델.

연관된 새로운 테마로 에펠탑 모형을 제작한다. 파랑색, 빨강색, 금도금, 줄무늬, 아연 합금으로 제작된 형태 등 이 새로운 테마에 맞게끔 제작된 에펠탑은 〈인증〉 마크를 달고 한정판으로 세상에 선보인다. 관광객들이 좋아하고 파리 시민들의 사랑을 받는 기념 선물이 된 것이다. 이제는 봉 마르셰 백화점뿐만 아니라 포부르그생토노레 거리에 있는 디자인과 유행의 전당 콜레트Colette 매장에 이르기까지, 최신 유행의 최첨단을 달리는 여러 상점에서 「메르시 귀스타브」 컬렉션을 찾아볼 수 있다. 최근 두 사람은 현대 미술 스타일의 새로운 작품을 탄생시키기 위해 예술가 벤Ben, 앙드레André 등과 계약을 맺었다. 일반 와인병 높이에 해당하던 31.5 cm의 오리지널 사이즈에 더해 2011년 여름 이후로는 1.10m의 〈지빅Zebig〉 시리즈와 2.20m 높이의 〈빅빅BigBig〉 시리즈도 더해지며 특별히 빅 사이즈 라인이 갖춰졌다.

제도 스탠드와 철제 에펠탑, 리벳이 박힌 탁자 등 산업 스타일을 살린 모든 가구와 집기들이 모여 하나의 시대, 하나의 스타일을 구현한다.

건축계의 주옥같은 걸작으로서 우아한 실루엣을 자랑하는 에펠탑은 탑이 사람들에게
개방된 이후 매년 더욱 다양한 관련 상품으로 사람들을 찾아간다. 더욱이 경매가 이뤄지는
곳에서는 수집가들의 광기를 더욱 부추긴다. 에펠탑 환등기(옆면 위 왼쪽, 19세기 말 모델),
에펠탑 그림이 들어간 카망베르 치즈 상자(옆면 아래 왼쪽, 20세기 초 상품), 뒤집으면
스티로폼이 눈처럼 떨어지는 에펠탑 관광 기념품(옆면 위 오른쪽) 등은 모두
유년기와 과거의 향수를 불러일으키는 물건들이다.

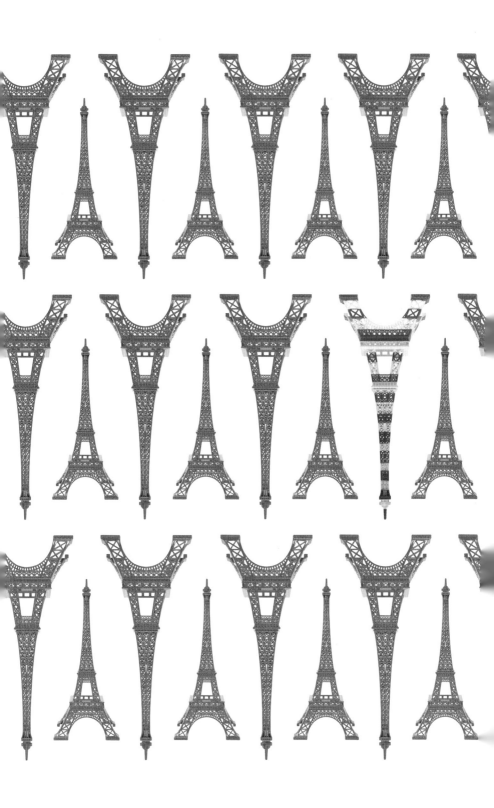

수없이 늘어나는 에펠탑

2009년 에펠탑 건립 120주년을 맞이하여
에펠탑의 철골 레이스에는 수천 개의 조명 장식이
덧대어지면서 환상적인 분위기를 연출한다. 빛의
도시 파리에서 빛으로 반짝거리던 에펠탑은
시민들의 삶 속에서 숨 쉬는 예술이 파리 스타일로는
어떻게 구현되는지 그 진수를 보여 주었다.

「메르시 귀스타브」 컬렉션은 조잡한 기념품을 소장용 수집품으로 만들었다.

에펠탑에 대한 열기는 식을 줄 몰랐고, 에펠탑을 본뜬 각양각색의 제품을
만들기에는 그 어떤 소재든 전혀 손색이 없었다. 탑의 크기가 작아지면서
각색된 형태의 탑이 생겨나고 에펠탑이 액세서리 장식으로도 활용되며
사람들의 향수와 웃음을 자극했고, 원본과의 차이에서 오는 새로운
묘미를 느끼게 만들었다. 루이 뷔통, 에르메스, 샤넬, 디올 같은 명품
패션 브랜드들은 명품의 도시 파리에서 자신들의 홍보 광고를 하기
위해 에펠탑을 활용하며 탑의 격을 한 차원 더 높게 승화시켰고,
탑은 사람들 사이에 꿈의 이미지를 퍼뜨렸다. 실내 장식가와 창작
예술가들은 자기네들 나름대로 새로운 길을 하나 열어 주었고, 일개
기념품에 불과했던 탑이 재치 있고 우아하며 원본과 다른 색다른 묘미가
느껴지는 장식품으로 격상되었다. 에펠탑은 어떻게 집안으로 들어가
이렇듯 모두가 선호하는 장식품이 된 것일까? 어떻게 에펠탑이 다들
그렇게 갖고 싶어하는 물건이 된 것일까? 유용한 기능을 갖춘 고전적인
디자인이 있다면, 이와 더불어 다른 한편으로는 아무런 기능적 쓸모도
없는 디자인 제품들이 점점 더 많아지고 있는 추세다. 하지만 비록
쓸모는 없더라도, 이들 제품은 우리의 일상에 감성적이고 서정적인
분위기를 연출해 준다. 우리의 기억에 감정적 측면을 더해 주면서 우리를
어린 시절의 향수와 한 시대에 대한 기억, 과거의 상상 속으로 끌고
들어가는 것이다.

축소된 형태의 탑을 갖고 있다는 건 파리를
조금이나마 소유하고 있는 셈이다. 금속과 유리, 종이 등의
재질로도 제작되고 천 위에 이미지로 삽입되기도 하면서
그렇게 몸집이 작아진 채 여러 소재로 복제되는 에펠탑은
잘 팔리는 인기 상품이다.

우아하고 그래픽적인 실루엣의 건축 장식물로서, 시간을 초월한 컬러의
에펠탑을 본뜬 수많은 모형들이 매년 새롭게 태어나며 에펠탑에 대한

파리지앵의 관심을 일깨운다. 기호학자 오딜롱 카바는 〈자기 집안에 축소된 크기의 성전 그 자체를 갖고 있다는 건 주술적 힘을 가진 토템을 집안에 보유하고 있다는 것과 같은 뜻〉이라고 설명한다. 지극히 평범한 소재인 메탈이 신기한 힘을 발휘할 준비가 된 것이다.

프랑스식 정원에 열광하는 베르나르 포레스티에Bernard Forestier는 정원 손질에서 영감을 얻은 철사 모빌 조각을 처음으로 집 안에 들인 인물이다. 이 같은 노하우를 활용하여 그는 철사로 높이 0.75m~1.75m에 이르는 스타일리시한 에펠탑 조각을 만들었고, 그의 조각 작품은 오리지널 에펠탑의 우아한 곡선과 투명성을 연상시킨다. 이외에도 수많은 디자인·패션 브랜드들이 에펠탑의 상징적인 실루엣을 활용하여 이를 아름답고 실용적인 오브제로 변신시켰고, 전등갓을 씌운 에펠탑 모양의 거실 스탠드도 그 중 하나이다. 쟈르뎅 딜리스Jardin d'Ulysse에서는 금속과 목재를 사용한 보다 심플한 디자인의 램프을 선보이고, 플뢰Fleux의 경우 은도금 메탈 소재를 사용한 뒤 전등갓을 씌워 보다 정교하고 복잡한 디자인의 램프를 만들었다.

빈틈없는 사업가였던 귀스타브 에펠은 그 당시에 이미 탑을 기념품으로 상업화시키면서 황금알을 낳는
거위로 변모시킬 생각을 하고 있던 차였다. 시간이 지나면서 탑의 표현 방식은 점차 진화되었고, 현대
미술과 명품 브랜드들은 탑의 형태와 모티브에서 영감을 얻었다. 탑은 거실용 스탠드로도 탈바꿈하고,
실크스크린 인쇄 기법으로 쿠션 위에서도 그 이미지가 활용되었으며(봉주르 몽 쿠생Bonjour mon coussin)

안 발레리 아슈Anne Valérie Hash가 디자인한 하이힐에서도 에펠탑을 찾아볼 수 있다. 부르주아의 미니 화장품 케이스(랑데부 자 파리Rendez-vous à Paris 라인)에서도 에펠탑의 이미지가 쓰이는가 하면 몽블랑에서는 한정판으로 에펠탑 만년필을 내놓았고, 크리스찬 디올 역시 레이디 디올 라인에서 에펠탑의 모티브를 핸드백 디자인으로 활용했다. 모두 에펠탑을 연상시키는 디자인들이다.

섬유 제품에서는 디지털 프린트 기법이 등장하면서 모든 상상의 나래가 펼쳐진다. 그 옛날 탑의 사진을 프린팅한 쿠션 제품은 우편엽서와 같은 외양을 하게 되었고, 보다 그래픽적인 요소를 살린 도안으로 만들어진 제품은 철근 장선과 격자무늬 철골 구조의 근접 촬영 사진을 프린트해서 보여 준다. 프린트 무늬를 활용한 직물 전문 숍 테오 자스민Téo Jasmin의 디자이너들은 여러 가지 양식을 활용하여 제품을 만들어 내는 즐거움을 만끽한다. 가령 루이 15세 풍의 소파에서 시트 부분과 등받이에 에펠탑의 철골 레이스 장식과 기둥을 프린팅한 천을 덧대는 식이다.

향수 브랜드 프라고나르Fragonard의 향수 및 방향제 컬렉션 옆에서는 천 위에 수가 놓인 모습으로 파리가 등장한다. 여행용 파우치나 손수건 위에 파리의 대표적 기념물들이 그림으로 표현되어 자수가 놓여진 것이다. 자수의 형태로 에펠탑이 활용된 예는 또 있다. 다만 이번에는 그 활용 분야가 조금 독특한데, 바로 여성의 속옷 분야이다. 프랑스의 고급 란제리 브랜드 루Lou 의 속옷 라인에서는 에펠탑의 철골 레이스 장식 모티브를 활용하여 제품에 포인트를 주었다. 섬유 디자이너 안느 위베르Anne Hubert가 론칭한 브랜드 〈라 스리즈 쉬르 르 갸토La Cerise sur le gateau〉에서는 서정적이고 발랄한 분위기의 가정용 침구류 및 액세서리를 선보인다. 이 브랜드에서는 시간을 초월하여 프랑스의 랜드마크가 될 수 있는 것들에서 영감을 얻어 제품을 디자인하고 있으며, 이곳에서 나오는 에펠탑은 형광색의 옷을 입고 실크스크린 기법으로 직물에 프린트되었다. 이 브랜드에서 나오는 제품에서는 식탁보, 행주, 요리용 장갑 등 곳곳에서 에펠탑이 춤을 춘다.

보석, 의류, 가정 침구류, 가구 등 오늘날 그 어떤 분야도 에펠탑 열기에서 벗어나지 못한다.

에펠탑을 신고 다닐 수는 없을까? 안 발레리 아슈의 샌들은 이러한 꿈을 현실로 만들어 주었다. 샌들의 발등 부분을 에펠탑의 얽히고설킨 격자무늬처럼 디자인한 것이다. 또 다른 샌들 디자인의 경우는 뒤집어 놓은 에펠탑 모양으로 힐 부분을 처리했다.

금속이 멋을 부리면 귀금속이 된다. 뒤퐁에서는 은으로 된 작은 모자이크 문양의 휴대폰 고리를 선보였고, 쥘리 베르나르댕Julie Bernardin에서는 준 보석으로 장식한 귀걸이 펜던트를 선보였다. 고가의 명품 라인에서도 상황은 다르지 않다. 루이뷔통 쥬얼리에서는 백금과 다이아몬드로 목 부분을 장식한 탑을 선보였고, 에르메스는 백금과 다이아몬드 장식으로 에펠탑의 격자무늬 모티브를 본뜬 팔찌를 출시했다.

재료나 디자인을 재구성하는 과정에서 장인의 손길이 필요한 경우도 종종 있다. SETE의 120주년 기념 한정판으로 제작된 라귀올Laguiole의 포르주Forge 나이프가 이에 해당한다. 이 칼은 1980년대 초반 이뤄졌던 에펠탑 보수 공사 당시 해체된 L자형 앵글의 연철로 만들어졌다. 소중하게 보관되어 온 이 철은 그때까지 단 한 번도 재사용되지 않았었다. 에펠탑 특유의 곡선을 재해석해서 다시 차용하면서, 다이아몬드에 일련번호를 새겨 넣은 이 나이프는 연마나 세공 작업 없이 칼날 부분만 절단하는 형태로 구상되었으며, 이로써 가급적 원형의 유지가 보장될 수 있었다. 확실히 탑의 장선을 죄이던 리벳을 연상시키는 제품이다. 한눈에 들어오는 몽블랑 만년필은 백년 이상의 노하우가 축적된 결과물로, 그 완벽한 기술력과 심미성은 뉴욕 현대 미술관에 전시되기에 부족함이 없다. 올해는 새로운 디자인의 만년필로 스포트라이트를 받았는데, 백금 19캐럿의 소재를 이용하여 91개 한정으로 출시된 이 모델은 귀스타브 에펠의 증손녀인 발레리 쿠페리Valérie Coupérie와의 합작품이다. 그렇다면 사람들은 왜 이렇게 탑에 열광하며, 왜 그리도 에펠에 집착하는가? 그건 바로 주기적으로 한정판이 제작되며 하나의 건축물, 혹은 한 사람을 기념하기 때문이다. 필기구라는 기본적인 기능 외에도, 몽블랑 만년필의 에펠탑 한정판은 에펠탑이 구현하는 기술적 쾌거와 도전을 연상시키는 고급 쥬얼리 만년필이라는 기획 컨셉을 갖고 있다. 몽블랑의 에펠탑 한정판이 91개인 것은 91세의 나이에 작고한 귀스타브 에펠에게 보내는 헌정의 메시지다. 초정밀 기술의 결정체인 이 작품이 지니는 상징적 의미는 한두 개가 아니다. 숙련된 전문가의 뛰어난 세공 작업으로 만들어진 이 작품은 성 앙드레 십자가의 복잡한 건축적 구조를 차용했다. 에펠탑에서 나타나는 전형적인 십자가 문양이다. 몽블랑의 에펠탑 한정 만년필은 진정한 프랑스식 노하우가 결집된 시크한 명품의 부활을 보여 주는 대표적인 사례이다.

18세기, 투알 드 주이 원단은 거의 그림책으로 간주됐다. 천 바탕에 이야기가 담겨 있는 이 원단은 그 그림을 통해 한 시대의 분위기를 전해 주며, 그 당시의 역사적 사건을 기념하는 용도로 쓰이기도 한다. 시대가 달라지면 스타일도 달라지기 마련인데, 만화 같이 프린트된 천 위에서 에펠탑도 새로운 유행에 맞게 각색된 모습이다. 뤼테스Lutèce의 장샤를 카르텔바작Jean-Charles Castelbajac 작품.

옆면: 2010년 카르나발레Carnavalet 미술관에서의 「수도에서의 여행Voyage en capitale」
전시를 위해 루이 뷔통이 여행용 트렁크를 쌓아 올려 만든 작품.
사진은 자크앙리 라르티그Jacques-Henri Lartigue 작품, 1978년.
위: 테이블에서 식사 중인 에펠탑.

1937년 파리 국제박람회. 백조의 섬île aux cygnes에서 찍은 에펠탑.

탑의 형태는 수학적 계산에 따른 결과이다. 이는 순수한 산업적 아름다움을 구현하고 있으며, 탑의 심미성도 바로 여기에서 나온다.

나는 사람에 대해서도, 기술에 대해서도 존경심을 갖고 있다. 에펠은 범상치 않은 사업가였다. 에펠탑이 개장을 한 직후부터 이미 그는 탑과 관련된 운영 계약권을 활용할 줄 알았던 사람이다. 층마다 생안경을 가져다 놓았고, 탑에 오른 사람들에게는 인증서와 기념 메달을 판매하였으며, 높은 가격으로 식당 및 가게의 위탁 계약을 체결한 건 말할 것도 없다. 에펠은 자신이 만든 탑의 입장값 없이 상당히 높게 끌어 올렸으며, 그 결과 자기 자본으로 80% 경비를 댔던 에펠은 첫 해에 이미 그 비용을 벌어들였다. 게다가 에펠은 과학적 용도로서 탑의 활용 면이를 찾아내어 이를 헐지 못하게 만들었다.

에펠탑에서 정말 놀라운 점은 오로지 경치 전망과 관광객들의 등반을 위해 만들어진 기념물 가운데 이 정도 높이의 기념물을 에펠탑이 유일하다는 점이다. 오늘날 에펠탑은 이런 저런 차원 건축 작품들을 비교함에 있어 그 기준이 되고 있다. 가령 건축가들이 〈에펠탑이 세 배 혹은 다섯 배 높이〉라는 식으로 높이에 대한 표현을 하고 있는 것이다.

설계 이트만Sylvain Yeatman, 에펠 일가

위: 에펠탑의 격자무늬 사진을 덧댄 루이 15세풍 소파의 아찔한 매력. 에펠탑은 양식의 한계를 무너뜨리며
표현의 세계를 자극하고, 어느 시대건 변함없이 황홀한 도취감을 자아내며 시대를 뛰어넘는다.

프레임 속의 에펠탑

신비로운 에펠탑, 매혹적인 에펠탑, 낭만적인 에펠탑 등 금세기 초 광고나 명품 디자인에서는 에펠탑을 신격화하여 표현한다. 이에 따라 우리는 다시금 탑을 오르는 아찔한 기분을 꿈꾼다.

꿈을 만들어 내는 장치

일단 가냘프면서도 힘 있는 실루엣은 철갑을 두른
첨탑 같은 이미지로, 어디서든 즉각 파리를 구현한다.

사진작가 샘 레뱅Sam Lévin이 1950년대에 촬영한 사진으로, 크리스찬 디올의 모델들이 파리를
상징하는 기념물 앞에서 고급스러움과 우아함을 내세우며 포즈를 취하고 있다.

1925년 장식 예술 박람회 때 시트로엔은 에펠탑의 조명 장식을 띄워 자사의 홍보를 시도한다. 한 기업의 광고가 그런 식으로 노출된 건 시트로엔이 유일했다. 이는 실제 에펠탑을 이용한 사례이다. 반면 1964년 마르크 리부는 한 자동차 회사의 대표 모델 위에 에펠탑 그림자를 투영했다. 이는 허상의 에펠탑을 이용한 사례이다. 에펠탑은 늘 새로운 기적을 만들어 낸다.

에펠탑 운영사의 장베르나르 브로Jean-Bernard Bros 대표는 〈탑이 처음 만들어지던 당시, 목표는 세계 최고 높이의 기념물을 세우는 것이었다〉고 단언한다. 〈예나 지금이나 에펠탑은 프랑스의 수도 파리가 연상시키는 모든 것을 보여 준다. 빛의 도시 파리, 낭만의 도시 파리, 인권의 도시 파리, 2차 대전 중 상징적 도시였던 파리의 모습이 탑을 통해 구현되는 것이다. 에펠탑은 아마 높이 경쟁에 있어 1위 자리를 잃어버렸을지 모르나, 에펠탑은 여전히 전 세계 건축물의 높이 척도가 되고 있다. 프랑스의 수도 파리를 대표하는 그 절대적 우위는 지금도 변함이 없다.〉

에펠탑을 자사의 광고 매체로 활용할 생각을 처음으로 했던 건 바로 앙드레 시트로엔André Citroën이었다. 그리고 그에게 이 같은 아이디어를 제공한 건 이탈리아 출신 빛의 마술사, 페르낭 자코포지Fernand Jacopozzi였다. 자신의 조명 기획안이 너무 비용이 많이 든다는 이유로 거부당하자, 자코포지는 이를 거대 기업인에게 제안한다. 시트로엔은 에펠탑의 상징성이 어느 정도인지 잘 알고 있었고, 현대성과 과감한 시도, 높은 기술적 수준을 상징하는 하나의 기념물에 자사를 결부시키는 게 얼마나 득이 되는 일인지 충분히 이해하고도 남았다. 자코포지는 시트로엔의 일곱 문자와 로고인 더블 쉐브론을 에펠탑 세 개 층에 배치하여 눈부신 조명의 장관을 연출했다. 10년간, 에펠탑은 대중이 질리지 않게끔 조명으로 장식되었으며, 자코포지는 번번이 더 놀라운 조명 장식으로 사람들을 놀라게 했다. 스팟 광고의 시초였다.

맹목적 숭배의 대상 그 이상으로, 에펠탑은 소박하면서도 시간 초월적인 형태의 기준이 된다. 문화적·역사적·정서적 가치가 풍부했던 과거를 떠올려 주는 전형인 것이다. 에펠탑이 상징적 요소로 가득하고, 신화와 역사를 만들어 내는 존재라 이를 상품에 전가시키기가 쉬워, 광고계는 여기에서 사람들의 상상력을 자극할 만한 홍보 요소를 찾아낸다.

파리의 대표적 유산으로서, 100년의 역사를 가진 라파예트 백화점은
에펠탑과 마찬가지로 매력적인 관광 명소이며, 파리에서 사람들이
가장 많이 찾는 곳 중 하나이다. 1980년대, 프랑스식 시크함을 구현하는
패션의 전당이라는 이미지는 파샤 벤시몬Pacha Bensimon이 고안한
로고 디자인으로써 더욱 굳어진다. 손으로 쓴 글씨 모양의 로고에서 두
개의 T는 멋스러운 탑의 모양을 형상화한 것으로, 이에 따라 라파예트
백화점과 파리의 이미지는 보다 긴밀하게 연결된다. 그러나 이미지의
역사는 시대에 따라 달라진다. 역동적이고 창의적인 브랜드로서 이미지
메이킹을 하고, 패션계의 세계적 리더로서 포지셔닝하며 국제적인
후광의 옷을 입히는 것, 이게 바로 광고의 목적이며, 2000년부터는
이 같은 작업이 장폴 구드Jean-Paul Goude의 손을 통해 이뤄진다.
라파예트의 스타일 코드와 조화를 이루는 여성의 모습은 백화점의
이벤트를 알리는 홍보용 리플렛처럼 차례로 펼쳐진다. 장난감 코너와
관련된 포스터에서는 에펠탑 장식을 한 곰인형이 등장하고, 머리에
에펠탑을 얹은 여인은 프랑스 삼색기의 세 컬러인 블루, 레드, 화이트
색상으로 된 띠로 이를 칭칭 감은 옆모습을 보여 준다. 패션의 중심,
백화점으로서의 라파예트 백화점을 나타내는 대표 이미지이다.
〈패션은 더 강하다〉는 슬로건에 따라, 장폴 구드는 라파예트의 정신을
나타내기 위해 반전 사진을 선보인다. 금색으로 〈라 프랑스〉라고 새겨진
좌대 위에서 이브닝드레스를 입은 여성이 거꾸로 뒤집어진 탑에 기대어
서 있는데, 여성의 모습은 마치 발끝으로 사뿐사뿐 춤을 추는 무희처럼
가벼운 느낌이다. 에펠탑은 늘 파리와 웃음, 도전, 에너지의 상징이다.
따라서 1946년에 한 부부가 세운 소규모 가족기업 〈루〉를 국제적 규모의
기업체로 만들기 위해 이 기업의 마케팅 팀은 2008년 100% 파리를
테마로 한 광고를 기획한다. 프랑스의 란제리 제품은 이미 세계적으로
정평이 나 있던 터라, 이를 파리와 결부시킴으로써 루는 기성복의
틈새시장에서 구매층을 재선정한다. 〈루 파리〉, 〈파리 에 타 루Paris est

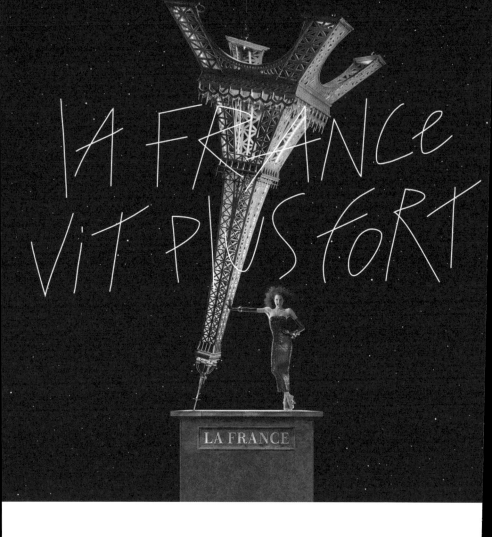

비록 에펠탑이 오늘날 높이 경쟁에서는 그 왕좌를 잃어버렸을지 몰라도, 파리를 나타내는 대표적인
상징물이라는 점에서는 여전히 최고의 자리를 지키고 있다. 기능적 필요성은 없으면서도 사람들을
매료시키는 놀라운 건축물, 에펠탑은 여전히 세상을 놀라게 하기에 부족함이 없다.
장폴 구드의 라파예트 백화점 포스터는 에펠탑을 거꾸로 뒤집은 모양으로 디자인되었다. 2007년 〈상식을
뒤엎는 프랑스La France c'est renversant〉 행사용 포스터.

à Lou〉 라인은 에펠탑의 메탈 레이스 장식을 모티브로 수를 놓은 란제리 사진으로 광고 홍보가 이뤄진다. 브랜드의 기술적 노하우와 패션 코드를 따라가겠다는 의지가 부각되면서, 창업주인 뤼시엔 팔레르Lucienne Faller의 기본 정신이 충실히 반영된다.

향수병 안으로 들어간 파리

로맨틱한 스토리든 히치콕 스타일의 스릴러든 구시대에 지어진 이 건물을 테마로 광고 컨셉을 찾은 브랜드는 한두 개가 아니다. 광고계에서는 에펠탑을 매개로 더 많은 유산이 생겨나고, 더 풍부한 창작력이 발휘되며, 더 많은 영감이 샘솟는다. 낭만주의, 아르 드 비브르, 명품, 관능미 등 파리는 가장 낭만적인 영감의 원천이며, 광고의 힘은 이러한 감각적 경험을 전달하는 데에 있다. 따라서 향수병 하나를 소유하는 것만으로도 여성은 에펠탑에서 멀리 떨어져 있어도 이 같은 경험을 느끼는 게 가능하다. 일례로 1928년 미국에서 먼저 출시된 부르주아의 향수 〈이브닝 인 파리Evening in Paris〉는 단숨에 경이적인 성공을 거둔다. 코발트블루와 은색 컬러가 대비를 이루는 용기는 파리를 상징하는 기념물이 배경으로 들어간 상자에 담겨 있었으며, 이는 곧 향수병 안에 담긴 파리나 다름없었다. 프랑스에서는 〈수아르 드 파리Soir de Paris〉라는 이름으로 출시된 이 향수의 광고 포스터에서는 파리의 밤에서 느낄 수 있는 프랑스 고유의 정취를 담아냈다. 『향수Perfume』의 저자 리처드 스타멜만Richard Stamelman에 따르면 〈에펠탑은 하나의 도시, 하나의 나라를 나타내는 완벽한 기성품의 이미지를 갖고 있다〉는 설명이다. 〈기능적 필요성은 없으면서도 사람들을 매료시키는 놀라운 건축물, 에펠탑은 여전히 세상을 놀라게 하기에 부족함이 없다. 그리고 굳이 별다른 말이 없어도 프랑스의 문화를 나타내기에 충분한 건축물이다. 또한 에펠탑은 시간이 지날수록 점점 더 새롭게

Soir de Paris
LE PLUS CÉLÈBRE   PARFUM DU MONDE

BOURJOIS
PARFUMS · PARIS

1940년대, 여성들은 이브닝 향수 〈수아르 드 파리〉를 뿌리고 자며 꿈을 꾸었다.

거듭날 수 있는 상징물이기도 하다. 광고의 변천사에서도 이를 알 수 있다. 향수 광고에서는 두 개의 감각적인 경험을 합쳐 놓은 이미지로서 에펠탑과 향수를 보여 준다. 처음에는 1930년대의 〈수아르 드 파리〉나 이후 랜캐스터Lancaster의 〈마드무아젤 드 파리Mademoiselle de Paris〉처럼 병을 중심으로 파리지앵의 감각을 구현한다. 탑의 모양을 한 병에 향수를 담아내는 것이다. 어떻게 보면 병 안에 파리의 모든 걸 담아 놓은 셈이라고 볼 수도 있다. 이어 광고계는 사람들로 하여금 어떤 특정 장면이나 드라마 속으로 뛰어들 수 있게끔 하나의 연결고리를 만들어 준다. 이제 향수의 모양은 직접적으로 나오지 않지만, 광고에서는 다른 형태로 향수가 지각된다. 과장되고 환상이 가미된 사진이나 스토리를 활용하여 이를 통해 향수를 암시하는 것이다. 광고 안의 상징적 요소들은 후광처럼 제품을 장식하며 그 안에 융합된다.〉

프랑스식 낭만주의

파리의 모든 기념 건축물들 가운데에서 에펠탑은 사람들이 가장 선호하는 건축물이다. 이전 시대에 지어진 이 건축물에서 너 나 할 것 없이 동시대적인 느낌의 무언가를 찾기 때문이다. 탑은 여전히 존속하며, 무언가 꾸미거나 술수를 쓰는 일도 없다. 특히 그러면서도 늘 아찔한 매력을 발산한다. 광고 제작자들은 늘 그런 아찔함의 현기증 도는 매력을 좋아한다. 뉴룩의 선구자였던 크리스찬 디올이나 기존의 관습적 틀을 깨버린 코코 샤넬, 파격적이며 도발적인 미를 추구하는 장폴 고티에 등과 같이 상징성이 강한 브랜드들에게 있어서 에펠탑의 존재는 보는 이의 환상을 자극할 만한 이야기를 풀어내기에 더없이 좋은 배경이다. 유수의 브랜드들이 갖고 있는 에펠탑에 대한 애정은 광고 영상에서도 잘 드러난다. 뤽 베송이 제작한 샤넬 No.5 향수의 광고 역시 이에 해당한다. 작품 속에서 여자 주인공은 금빛 쿠션이 대어진 복도를 지나 늑대를

파리의 상공에서는 상상을 초월한 광고 스토리가 전개된다. 장폴 구드의 이브 생 로랑
광고에서는 모든 표현의 가능성이 열리고, 파리와 사랑, 현기증 모두를 담아내는
상징물을 통해 향수가 표현된다.

조용히 길들이고 금빛 터널을 빠져나와 문을 열고 밖으로 나간다. 여자가
문을 열었을 때, 그 앞에서는 눈이 내리는 가운데 조명을 밝히고 서 있는
에펠탑의 모습이 보인다. 디올 옴므의 향수 전속 모델인 주드 로Jude
Law의 〈랑데부Rendez-vous〉 광고에서 주드 로는 빈티지 승용차를 몰고
밤의 파리를 내달려 트로카데로 광장에서 미지의 금발 미녀와 조우한다.
이른 새벽, 남자와 여자, 그리고 에펠탑의 실루엣이 한데 모여 화면을
구성하며 광고는 끝이 난다.

현기증

하지만 가장 기상천외한 스토리는 파리 상공의 하늘 위에서 전개된다.
사뿐히 태평하게 도시 위로 날아오르면, 에펠탑이 그 같은 공중 부양
상태를 일깨워 준다. 겐조 파퓸Kenzo Parfums의 최근 광고에서는
파리의 지붕 위로 개양귀비가 피어나고, 붉은 꽃들은 구름 한 점
없는 하늘로 날아오르며, 뒤로는 가장 높은 건물들만이 희미하게
모습을 나타내며 파노라마처럼 펼쳐진다. 니나리치Ninaricci의 향수
리치리치Ricci-Ricci 광고에서는 흑백의 배경 위로 파리의 지붕이
펼쳐지며 장밋빛 리본이 도시 위를 휘감는다. 이 광고에서는 여자와
남자의 역할이 뒤바뀐다. 남자가 발코니에 서 있고, 우아한 고양이
형상을 한 여자가 유연하고 익살스러운 몸짓으로 몸을 쭉 뻗어 남자에게
다가간다. 향수를 형상화한 장밋빛 리본은 여주인공의 마법 같은 매력을
물리적 실체로 표현한 것이다. 이 리본은 하늘 위로 날아오르며 에펠탑
주변을 휘감는다.
이브 생 로랑Yves Saint Laurent의 향수 파리Paris의 광고 포스터는
장폴 구드의 작품이다. 그는 여자와 여자의 연인, 그리고 향수를 에펠탑
꼭대기에서 하나로 연결시키는 스토리를 구상했다. 헬리콥터를 타고 온
남자와 고급 드레스를 입은 매력적인 여자가 만나는 장소가 바로 에펠탑

꼭대기인 것이다. 모두 파리의 모습을 담고 있지만, 각각의 장면들은 모두 제작자의 재치 있고 남다른 시각으로 재해석된 파리의 모습이다. 이브 생 로랑은 살짝 기울어진 에펠탑을 배경으로 한 케이트 모스Kate Moss의 실루엣을 보여 주면서 향수 파리지엔느 광고에도 에펠탑을 활용한다. 기나긴 밤의 끝을 함께 해주는 동반자로서 에펠탑을 나타낸 것이다. 하지만 그 시대의 코드를 이용하면서 낭만적 느낌을 살린 광고도 얼마든지 가능하다. 지방시의 향수 플레이의 흑백 광고가 이에 속한다. 저스틴 팀버레이크Justin Timberlake와 눗 시어Noot Seear는 아찔한 철골 구조의 에펠탑을 타고 올라가고, MP3 형태의 병을 리모컨 삼아 조작하며 신나게 파리의 조명을 가지고 논다. 에펠탑은 어쩌면 무한한 가능성을 열어 주는 매개체인지도 모르겠다.

1965년에 촬영된 사진 속 모델에게 있어 이는 정상에서의 최고조를 의미한다. 실루엣이 묘하게 에펠탑과 겹친다.

최고의 뷰를 가진 한시적 공간. 이동식 호텔 〈에버랜드〉에서의 전망과, 시대를 초월한 건물에서의 360도 파노라마 전경을 비교해 보는 건 어떨까? 세계 곳곳을 돌아다니는 이 호텔의 룸은 단 하나 밖에 없다. 이 호텔은 사실 2002년 스위스 박람회에서 처음 선보인 것이었는데, 이후 2005년에는 라이프치히에 설치되었다가, 2007년 말에서 2008년 말까지는 파리에 설치되어 마지막 여정을 마쳤다.

에펠탑을 도둑맞다

그 놀라운 사건을 제일 먼저 확인했던 사람은 랑브르캥 국장이었다. 알다시피 그는 에펠탑 무선전신국의 책임을 맡고 있었다. 우선 그는 자신의 오감으로 느낀 걸 그대로 증언할 엄두가 나질 않았다. 두 눈을 비비고 어깨를 잔뜩 움츠린 채, 그는 자신이 꿈을 꾸고 있는 것이라고 생각했다. 아니, 어쩌면 환각에 빠진 것일지도 몰랐다. 문득 공포심에 사로잡힌 이 남자는 과거 남다른 영웅심을 발휘한 적도 있었건만, 지금은 사지를 벌벌 떨며 숨이 다 넘어가도록 부리나케 도망쳐 자신의 사무실이 있는 지하 기지국으로 피신했다. 그리고 지나가며 연락병에게 〈없어, 사라지고 없어〉라며 무슨 뜻인지 알 수 없는 묘한 소리를 내뱉었다. 이어 그는 전화기로 달려와 서둘러 어딘가로 전화를 걸었다. 「여보세요! 여보세요! 얼른 경찰서장님 바꿔줘요! 그렇다니까요, 아가씨. 상황이 무척 급하다고요. 여보세요! 내 말 들려요? … 서장님 계세요? 잔다구요? 얼른 깨워요! 랑브르캥 국장이라고 하면 알 거요. … 서장님? 서장님이세요? … 네, 랑브르캥이에요. … 제 말 잘 들으세요. 에펠탑을 도둑맞았어요!」 때는 새벽 네 시였고, 날은 밝아 오기 시작했다.*

빙산에 무너지고, 센 강에 잠기고, 전자석에 들러 붙고, 다이너마이트로 폭파되고, 도둑맞고, 불이나 얼음에 처참하게 부서지며 전기 콘덴서로 변질되기도 하는 에펠탑은 만들어진 직후부터 이미 〈인격화〉 되어 대중소설에서 마치 〈사람〉 같은 대접을 받고 있다. 19세기 말 이후로 크게 인기를 끈 대중 소설은 놀라운 과학적 발상으로 에펠탑을 기상천외한 무대의 주인공으로 내세운다. 기차역 가판대에서 쉽게 만나볼 수 있는 가벼운 대중소설, 신문 연재소설, 포켓북, 삽화 부록 등 10상팀, 15상팀, 30상팀 정도의 가격으로 사볼 수 있는 이 같은 소설의 원류는 바로 쥘 베른의 작품이었으며, 몇 년 후 미국에서는 이 장르에 대해 〈SF〉라는 이름을 붙여 준다. 기 코스트Guy Costes의 설명에 따르면, 〈무생물체라는 원래의 지위에서 벗어나, 에펠탑은 그 자체로 완전한 하나의 인격체가 되었다. 놀라운 SF세계의 주인공이 된 에펠탑은 우리 모두의 상상력 속으로 자연스럽게 잠입해 들어왔다.〉**

* 레옹 그록Léon Groc, 「에펠탑을 도둑맞다On a volé la Tour Eiffel」, 『랭트랑지장L'Intransigeant』 1921년 9월-10월호.
** SF의 기원을 연구하는 사학자로, 『텅 빈 지구Les Terres Creuses』 해제의 공저자.

안개 속에서 희미하게 드러나는 에펠탑의 윤곽. 사진은 안드레 케르테슈, 1925년.
〈멀리 떨어져 있는 두 사람, 두 연인, 두 친구는 자신들이 하늘과 별만을 공유하는 것이 아니라
주변 풍경을 만들어 내는 이 상징적인 건축물도 함께 공유하는 것이라는 사실을 잘 알고 있다.〉
— 미셸 뷔토르Michel Butor

에펠탑은 우리의 상상력을 자극한다. 에펠탑은 산업화 시대를 이끌던 선구자의 꿈속으로 우리를 데려간다.

전형적으로 파리를 대표하는 건축물을 넘어서, 에펠탑은 도화 여객선 〈르 프랑스〉와 〈콩코드〉 여객기가 사라진 이후 프랑스의 마지막 상징물이 된다. 한 사람의 광기어린 꿈을 보여 주는 이 탑은 조원 한가운데에 놓인 미래주의적 성격의 무언가이다. 에펠탑이 생기게 된 배경에는 이를 구상했던 한 남자가 있다. 이 남자는 자신의 계획을 끝까지 믿고 나가 이를 완성시킴으로써 오늘날 우리에게 추진력 있는 선도적 인물로 평가받고 있다. 에펠탑은 또한 향수가 담긴 건축물이다. 프랑스가 광영으로 빛나던 산업 시대 초기는 프랑스 국민들로서 상당히 매혹적인 시기였다. 에펠탑은 개척자로서의 프랑스, 선구자로서의 프랑스에 대한 환상의 세계로 사람들을 인도하며, 새로운 길에 도전하는 사람들의 모습을 떠올려 준다. 이 탑이 당황스러운 점은 바로 탑의 이중성에 있다. 여성적이면서도 동시에 남성적이고, 목직하면서도 가벼우며, 바닥 깊이 뿌리내리고 있으면서도 하늘로 뻗은 그 이중적 측면이 당혹스러운 것이다. 복고적이고 대중적인 골동품이 이제는 미래의 시크한 매력을 상징한다. 명품 브랜드들이 앞다투어 에펠탑을 테마로 삼고 있기 때문이다. 지금이야 기술 혁명은 우리를 가상 세계로 몰고 간다. 그 결과, 에펠탑은 물리적 실체에서 벗어나 그 구조와 철판, 장식 징, 리벳 등 세부적인 요소들이 디자인으로 활용되며 실내 장식 및 패션 분야에서 그 모습을 드러낸다. 강한 존재감을 가진 무언가, 전문가의 직업임을 나타내는 세부적인 제작 요소 등이 활용되는 것이다. 롯넌 전부터 장식에는 산업혁명이 이루어졌던 과거에 지중하며 선진 문화에 뿌리를 내리려는 경향을 보이고 있다. 여기에서 중시되는 요소는 바로 금속, 무게감, 그리고 역사가 서린 건축물이다. 단순한 오브제 이상으로, 에펠탑은 그 모든 영양을 하나로 규합한다.

세계적 명품 브랜드의 새로운 뮤즈

〈프랑스의 명품 산업과 그 영속성은 지역적 특수성에 뿌리를 두며, 그 종류의 다양성 및 노하우에 기반을 두고 있다.〉 콜베르 위원회의 자료에서는 이와 같이 적고 있다. 요컨대 동부는 크리스탈로 유명하고, 리무쟁은 자기류로 유명하며, 북부는 섬유로 유명하고, 그 모든 노하우를 아우르는 명품이 있는 곳은 바로 파리이다.

금빛 새장 안의 작은 새 바네사 파라디Vanessa Paradis가 샤넬 향수를 들고 그네를 타면서 즐겁게 휘파람을 분다. 장폴 구드는 지극히 파리적인 향수를 연출해 낸다.

디올과 에펠탑은 서로 떼려야 뗄 수 없는 관계이다. 디올은 어린 시절부터 에펠탑과 친숙한 환경에서 살았는데, 그 어머니가 그랑빌 빌라를 위해 만들었던 온실의 철골 구조가 탑의 기본 구조와 무척 유사했기 때문이다. 또한 크리스찬 디올은 일찍이 건축가로서의 삶을 꿈꿨었다. 가족들의 반대에 막힌 그의 소명은 디올의 모델 디자인에서 실현되는 듯하다. 1956년 출간된 자서전 『크리스찬 디올과 나Christian Dior et moi』에서 그는 〈내가 디자인한 원피스는 여성의 신체 비율을 부각시키기 위한 임시 건축물〉이라고 이야기한다. 첫 컬렉션에서부터 그는 파리에서 가장 유명한 건축물인 에펠탑에 경의를 표한다. 1947년, 뉴룩으로써 혁명을 일으킨 그는 파리를 다시 패션의 중심지로 만든다. 전쟁이 끝난 뒤의 흥분된 상황에서 모든 걸 다 재건해야 했던 그때, 디올은 허리가 잘록하고 풍성한 치마의 실루엣(치마 하나를 만드는 데에 20m~40m의 천이 필요)을 만들어 내면서 의상 디자인을 통해 자신의 꿈을 일부 실현한다. 상반신은 각을 주고 허리는 잘록하게 강조한 코롤(꽃잎) 라인 이후 인체 형태의 알파벳을 본뜬 H라인, A라인, Y라인 등으로 디올 라인은 계속 이어진다. 비방트 라인(1953년 F/W)과 A라인(1955년 S/S)은 에펠탑의 형태에서 직접적으로 영감을 받은 것이었다. 넓은 밑단에서 위로 갈수록 점점 좁아지는 실루엣에, 벨트 부분에는 넓은 띠를 둘러 케이프의 수직성을 강조했다. 디올은 〈나의 에펠탑과 레이스 장식의 우아함〉에 대해 즐겨 언급했다. 뉴룩의 성공은 전 세계적으로 확산되어 그 당시 기자와 관광객들은 디올과 에펠탑을 서로 연계시켜 생각할 정도였다. 〈크리스찬 디올 매장을 에펠탑에 준하는 파리의 관광 명소로 이야기하는 사람들을 떠올리며〉 디올 역시 이를 달갑게 받아들였다. 1996년, 마르크 보앙Marc Bohan에서 지안프랑코 페레Gianfranco Ferre, 존 갈리아노John Galliano에 이르기까지 디올의 뒤를 이은 디자이너들 역시 에펠탑의 얽히고설킨 격자무늬를 모티브로 활용한다. 오트쿠튀르 컬렉션 및 액세서리 라인에서 에펠탑의 유명한

X자형 가로대 무늬에 가까운 문양을 차용한 것이다. 이 같은 패턴은 2008년 말 레이디 디올의 광고 컨셉에서도 나타난다. 레이디 디올 백의 스토리 라인을 살펴 보면 전율이 감돌 정도이다. 철근 장선과 리벳들은 광고의 배경이 에펠탑임을 암시하고, 메탈 레이스 장식 사이로 도시가 보이며, 파란 하늘과 빈 공간이 눈에 들어온다. 킬힐을 신은 마리옹 코티아르Marion Cotillard는 누군가에게 쫓기는 듯한 분위기이며, 얽히고설킨 탑의 철골 구조 안에 꼼짝없이 갇힌 신세이다. 광고 영상에서는 거의 신화적인 가방을 위한 아이콘들이 멋지게 수를 놓는다.

우아함을 연상시키는 실루엣과 프랑스풍의 고급스러움: 몸에 스키니하게 밀착되는 원피스 위에서 파리의 밤이 빛나는 듯한 착시 효과가 나타난다.

자신의 패션쇼 무대 위에서 장폴 고티에는 파격적인 패션 감각을 선보인다. 몬트리올 미술관의 장폴 고티에 특별전 소개글에서는 다음과 같이 쓰고 있다. 〈고전미와 기발한 엉뚱함의 조합, 록과 전통의 혼합, 장폴 고티에 컬렉션 대부분을 관통하는 기본적인 영감의 토대.〉 벨 에포크 시대(19세기 말~20세기 초 프랑스의 번영기)와 양차 대전 사이의 파리에 매료되고, 대중적 파리에 심취해 있으면서 에펠탑 아이콘에도 푹 빠진 그는 이로부터 영감이 꿈틀거릴 때면 자신의 뮤즈를 이용하여 파리지엔느를 연출해 낸다. 망사 스타킹으로 곡선미가 뚜렷이 드러나며, 반짝이는 금속 장식은 큼직큼직한 윤곽선을 만들어 낸다. 이에 따라 깊이 파진 등은 더욱 강조되며, 도시를 나타내는 프린트 무늬의 하늘거리고 스키니한 원피스는 착시 현상을 일으킨다. 탑을 몸에 걸친 듯 보이는 것이다. 2010년 5월, 『엘르 데코레이션』과의 콜라보로 건축과 문화 유산 박물관에 스위트룸을 연출하면서, 그는 블루 마린의 스트라이프, 녹지 공간, 새틴 소재 등 자신의 트레이드 마크 같은 의상 코드들을 활용하여 장폴 고티에〈스럽게〉 공간을 꾸민다. 반사 코드의 경우는 테라스에서

활용됐다. 바닥에 놓인 체크무늬의 거울 위에서는 파리와 에펠탑이 펼쳐진다. 마치 거대한 만화경의 한가운데에서 탑이 공간을 지배하는 듯하다.

1990년 S/S 컬렉션을 위해 지아니 베르사체Gianni Versace가 만든 원피스는 여자의 또 다른 피부처럼 매치된 형상이다.

1947년의 첫 오트쿠튀르 컬렉션에서 선보인 뉴룩 치마 정장(위, 사진은 윌리 메이왈드Willy Maywald)에서 2010년 S/S컬렉션의 승마 정장(옆면)에 이르기까지, 크리스찬 디올은 의상 디자인을 통해 자신의 꿈의 일부를 투영시킨다.

장폴 고티에는 파리를 사랑한다. 2010-2011 『엘르 데코레이션』과의 콜라보로 진행된 스위트룸의
공간 연출에 있어, 장폴 고티에는 파리의 절대적 상징인 에펠탑에 최대한 근접하기 위해
샤이요 궁의 건축과 문화유산 박물관을 고집했다.

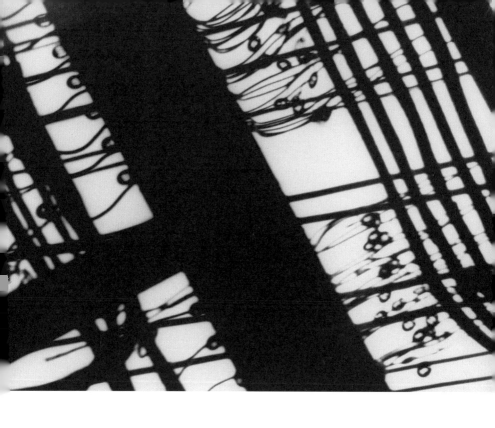

장폴 고티에의 세계에서 모든 환상은 곧 현실이 된다. 그는 모든 소재를 활용하여 그래픽 아트도
표현하고, 레이스 효과도 만들어 내며 코믹한 라인도 뽑아 낸다. 꿈의 모티브가 망사스타킹의 장식으로
활용되기도 하고, 2011년 F/W 컬렉션 무대 위에 올린 원피스에서는 레이스 탑 디자인을 선보이기도
하였다. 파토가스와의 콜라보로 만든 하이탑 캔버스화에서는 에펠탑으로 우리의 발을 장식해 주는가 하면,
고급스러운 파우치의 천 위에도 에펠탑을 집어 넣었다.

옆면: 철갑옷을 매치한 코르셋을 입은 디타 본 티즈Dita Von Teese는 몸매가 그대로 드러나는
실루엣으로 2010 F/W 오트쿠튀르 장폴 고티에 컬렉션의 무대에서 강한 인상을 주었다.
위: 건축과 문화 유산 박물관에서 바라본 에펠탑.

헤어 살롱 〈알렉상드르 드 파리〉와 〈카리타〉의 에펠탑 머리 장식을 한 모델, 1953년 4월 29일.

메종 오브제(Maison & Objet 전시회 주관사 SAFI(Salons francais et internationaux, 프랑스 및 국제 박람회 조직) 부장

에티엔 코셰(Etienne Cochet

에펠탑은 프랑스식 우아함의 상징이다.

나는 말레이시아에서 태어나고 자랐다. 내가 에펠탑을 처음 알게 된 건 1964년 쿠알라룸푸르에서 있었던 프랑스 주간 행사에서였다. 전시장에 간 나는 25m 높이의 탑 아래 서 있었으니, 체감상으로는 탑이 더 높게 느껴졌다. 프랑스의 이 상징물을 처음 보았던 그 순간이 내겐 평생 잊을 수 없는 순간으로 각인되었다. 탑의 존재를 알게 될 것 뿐만 아니라, 이 놀라운 창작의 세계에, 아직까지도 꿈꾸고 있는 이 환상적인 산업 분야에 내가 연계되어 있는 엄청난 자부심이 있었기 때문이다. 이후 전 세계에 지어진 고층 빌딩 가운데 800m 높이의 버즈 두바이는 순수한 첨단 기술의 산물로 상당히 인상적이기 하지만 여기에는 감흥이 없다. 에펠탑에서 파리를 내려다보면, 사람들에게는 굉장한 건축적 통일성이 느껴진다. 그 선입 디자인의 맥이 오늘날까지 이어지고 있는 에펠탑은 단 하나 뿐인 문화적 오브제가 되었다. 120주년을 맞이한 이후, 탑은 새로운 조명 장식으로써 놀라움 정도로 현대화되었다. 레스토랑 쥘 베른과 미슐랭 쓰리스타 세프도 한몫 거들었다. 에펠탑은 다시금 진정한 등대로 거듭났다.

옆면: 2011년 S/S 패션쇼에서 에펠탑 의상을 선보인 장사를
드 카스텔바작Jean-Charles de Castelbajac.
위: 1985년 세르주 루텐Serge Lutens의 시각에서 바라본
에펠탑은 한 명의 사이렌 여신과 같은 형상으로 해석되었다.

하늘과 땅 사이의 다리

1889년 귀스타브 에펠이 탑의 꼭대기에 자신의 집을 설치했을 때,
그는 그 열쇠를 우리에게 유산으로 물려주게 될 거라는 걸 상상할 수
있었을까? 그리고 우리 역시 하늘과 땅 사이에 다리를 놓을 수 있으리란
사실을 생각할 수 있었을까? 하지만 사실이 그러하다. 우리는 거울을
통과하여 새로운 시나리오를 만들어 냈다. 마리옹 코티아르, 주드 로
등을 차례로 아바타로 내세운 우리는 철의 덤불숲 속으로 맹렬히 몸을
던졌고, 철계단을 뛰어 오르며 혹은 한 번의 MP3 클릭으로 탑에 올라
세상을 우리의 발 아래에 둔다. 디노 부차티의 소설 속 주인공들처럼,
300m 고도에서 에펠탑의 새로운 입주자인 우리는 〈새로운 철근 장선을
계속해서 꼭대기를 향해 쌓아 올린다.〉 모든 게 에펠 덕분이다.
Merci Gustave! 고마워요, 귀스타브!

감사의 글

브리지트 뒤리외

이 책의 공저자인 마르틴 뱅상Martine Vincent, 라 마르티니에르 출판사의 안느 세루아Anne Serroy 편집장, 이 책의 기획에 아낌없는 지지의 뜻을 보내 준 이자벨 파랑Isabelle Parent, 책의 구성을 맡아 준 래티시아 레알모레토Laetitia Réal-Moretto 등 이 책이 만들어지기까지 힘을 써 준 모든 사람에게 먼저 감사의 뜻을 전하며, 아울러 이 책의 집필 과정에서 일상적으로 도움을 주신 모든 분들께 감사의 말을 전한다. 특히 명품 업계에서 세심한 전략가이자 정책 자문으로 활동하는 그레구아르 델치아니Grégoire Delziani에게도 고마움을 표하고자 한다.

도미니크 발랑Dominique Balland, 라파엘 비예Raphaëlle Billé, 파트리샤 부르기뇽Patricia Bourguignon, 알렉시 쇼메Alexis Chaumet, 장뤽 콜로나Jean-Luc Colonna, 기 코스트Guy Costes, 카롤 다프레Carole Daprey, 카트린 푸르니에Catherine Fournier, 구Goux 부부, 자비에 라르노디 에펠Xavier Larnodie Eiffel, 도미니크 파강Dominique Pagant, 마리프랑스 푸아리에Marie-France Poirier, 장프랑수아 리비에르Jean-François Rivière, 다니엘 로첸슈트로흐Daniel Rozensztroch 등 번뜩이는 아이디어와 함께 아낌없는 성원과 믿음을 보내 준 이들에게도 감사의 마음을 전한다. 현대의 못을 박으며 하늘과 땅 사이에 다리를 놓아 준 루이즈Louise, 레오Léo, 마오Maho에게도 감사의 말을 전하여 이 책을 바친다.

마르틴 뱅상

프레데릭 부르들리에Frédéric Bourdelier, 메종 크리스찬 디올의 제롬 고티에Jérôme Gauthier, 파샤 방시몽Pacha Bensimon, 파트리스 시바니양Patrice Cyvanyan, 갤러리 자크 라코스테Jacques Lacoste, 오르세 미술관 수석 큐레이터 카롤린 마티유Caroline Mathieu, 베로니크 모렐Véronique Morel, 갤러리 파트릭 스갱Patrick Seguin, 메종 장폴 고티에Jean-Paul Gaultier, 이자벨 라이싱거Isabelle Reisinger, 파트릭 생이브Patrick Saint-Yves, 프랑스 향수 협회, 에펠탑 운영회사, 에릭 발즈Éric Valz, 그리고 이 책에 게재된 사진을 제공해 준 장식 간판 및 브랜드 등에게도 감사의 뜻을 전한다.

주

1. 베르나르 마레Bernard Marrey, 『파리의 철물 건축Le Fer à Paris. Architectures』, 에디시옹 피카파빌리옹 드 라르스날Éditions Picard-Pavillon de l'Arsenal, 1989년.

2. 실비 데바르트Sylvie Deswarte & 베르트랑 르무안Bertrand Lemoine, 『건축과 엔지니어L'Architecture et les Ingénieurs』, 에디시옹 뒤 모니퇴르Éditions du Moniteur, 1999년.

3. 카롤린 마티유Caroline Mathieu, 『철의 마법사, 귀스타브 에펠Gustave Eiffel, Le Magicien du fer』, 파리, 스키라플라마리옹Skira-Flammarion, 2009년.

4. 『르 피가로』, 2010년 4월호.

5. 다니엘 로젠스트로크Daniel Rozensztroch, 스태포드 클리프Stafford Cliff, 수잔 슬레쟁Suzanne Slesin, 『새로운 리빙 스타일, 로프트Lofts: un nouvel art de vivre』, 파리, 플라마리옹, 2001년.

6. 마커스 필드Marcus Field, 마크 어빙Mark Irving, 『로프트』, 파리, 수일, 1999년.

7. 베르트랑 르무안, 『300m의 에펠탑La Tour de 300 mètres』, 콜로뉴, 타셴, 2006년.

참고서적

• Ageorges Sylvain, Sur les traces des Expositions universelles : Paris 1855-1937, Paris, Parigramme, 2006.

• Andrieux Jean-Yves, Les Travailleurs du fer, Paris, Gallimard, coll. Découvertes, 1991.

• Barthes Roland, La Tour Eiffel, Paris, Delpire éditeur, 1964.

• Bermond Daniel, Gustave Eiffel, Paris, Perrin, 2002.

• Buzzati Dino, Le K, Paris, Robert Laffont, 1967.

• Carmona Michel, Gustave Eiffel, Paris, Fayard, 2002.

• Chronique d'une image : Jean-Paul Goude aux Galeries

Lafayette, Paris, Éditions de La Martinière, 2009.

• Civanyan Patrice, *La Chair des marques*, Paris, EMS, 2008.

• Cordat Charles, *La Tour Eiffel*, Paris, Minuit, 1955.

• Couturier Élisabeth, *Design mode d'emploi*, Paris, Flammarion, 2009.

• Deswarte Sylvie et Lemoine Bertrand, *L'Architecture et les ingénieurs*, Paris, Le Moniteur, 2000.

• Dior Christian, *Christian Dior et moi*, Paris, Bibliothèque Amiot-Dumont, 1956.

• Durieux Brigitte, *Le Mobilier industriel*, Paris, Aubanel, 2009.

• Eiffel Gustave, *Les Grandes Constructions métalliques*, Paris, L'Amateur, 2008.

• Field Marcus et Irving Mark, *Lofts*, Paris, Seuil, 1999.

• Groc Léon, « On a volé la Tour Eiffel » in *L'Intransigeant*, sept.-oct. 1921.

• Guyon Lionel, *Architecture et publicité*, Wavre (Belgique), Mardaga,1995.

• Hamy Viviane, *La Tour Eiffel*, éditions La Différence, 1980-2010.

• Le Corbusier, *L'Art décoratif d'aujourd'hui*, Paris, Flammarion, coll. Champs, 1996.

• Lemoine Bertrand, *La Tour de Monsieur Eiffel*, Paris, Gallimard, coll. Découvertes, 1989.

• Les dossiers du comité Colbert, « Luxe, savoir faire et patrimoine », www.comitecolbert.com

• Marrey Bernard, *Le Fer à Paris. Architectures*. Éditions Picard-Pavillon de l'Arsenal, 1989. – *Matériaux de Paris*, Paris, Parigramme, 2002.

• Mathieu Caroline, *Gustave Eiffel, Le Magicien du fer*, Paris, Skira Flammarion, 2009.

• Miquel Robert, « L'art populaire de la Tour » in revue *La Renaissance* n° 3, juin 1939.

• Perriand Charlotte, *Une vie de création*, Paris, Odile Jacob, 1998.

• Rozensztroch Daniel, Cliff Stafford et Sleisin Suzanne, *Lofts : un nouvel art de vivre*, Paris, Flammarion, 2001.

• Stamelman Richard, *Perfume*, New York, Rizzoli, 2006.

• Thomson Rupert, *L'Église de monsieur Eiffel*, Paris, Stock, 1994.

- Zola Émile, *Au bonheur des dames*, Paris, Gallimard, coll. Folio, 1999. – *Le Ventre de Paris*, Paris, Gallimard, coll. Folio, 2002.

관련 주소록

고가구 판매점

- ATELIER 154. 154, rue Oberkampf, 75011 Paris · 06 62 32 79 06 www.atelier154.com
- GILLES OUDIN. Marché Paul-Bert, 93400 Puces de Saint-Ouen Allée 7 – stand 405
- GHISLAIN ANTIQUES. 97, rue des Rosiers, 93400 Saint-Ouen www.ghislainantiques.com
- METAL & WOODS. 49, rue Lamartine, 78000 Versailles 06 83 83 90 08 · www.metalandwoods.com
- QUINTESSENCE PLAYGROUND. 3, rue Paul-Bert, 93400 Saint-Ouen www.quintessenceplayground.com

건축가와 디자이너

- AGENCE PHILIPPE SIMON. 50, rue d'Hauteville, 75010 Paris 01 47 70 34 30
- FRÉDÉRIC AUSSET AGENCE ZOEVOX. 13, rue de La Montjoie, 93217 La Plaine-Saint-Denis · 01 49 46 07 07 www.zoevox.com
- MARTINE CAMILLIERI. www.martinecamillieri.com
- CAROLINE CORBEAU. www.caroline-corbeau.com
- VLADIMIR DORAY WILD RABBITS ARCHITECTURE. 19, rue de La Chapelle, 75018 Paris · 01 45 23 03 92 · www.wildrabbits.fr
- CYRIL DURAND-BEHAR. 15, rue Lamenais, 75008 Paris · 01 53 96 53 60 www.lagencecdb.com
- JACQUES FERRIER JFA ARCHITECTURES. 77, rue Pascal, 75015 Paris · 01 43 13 20 20 · www.jacques-ferrier.com
- KARINE HERZ. www.id-appart.com
- PATRICK JOUIN. 8, passage de la Bonne-Graine, 75011 Paris 01 55 28 89 27 · www.patrickjouin.com

- JULIEN KOLMONT +M+K · 18, rue du Faubourg-du-Temple, 75011 Paris
01 47 00 16 66
- PHILIPPE MAIDENBERG. 8, rue de l'Isly, 75008 Paris · 01 40 15 00 31
www.maidenbergarchitecture.com
- ÉLODIE SIRE. 14, rue Eugène-Sue, 75018 Paris · 01 42 02 82 72
www.d-mesure.fr

인테리어 소품점

- ACRILA. www.acrila.com
- BLANC D'IVOIRE. www.blancdivoire.com
- BONJOUR MON COUSSIN. 05 57 78 29 33
www.bonjourmoncoussin.com
- DU BOUT DU MONDE. 4, rue Caumartin, 75009 Paris
01 42 68 02 08 · www.duboutdumonde.com
- LES CAKES DE BERTRAND. www.lescakesdebertrand.com
- LA CERISE SUR LE GÂTEAU. www.lacerisesurlegateau.fr
- FLEUX. 39, rue Sainte-Croix-de-la-Bretonnerie, 75004 Paris
01 42 78 27 20 · www.fleux.com
- FORESTIER. 22, rue des Vinaigriers, 75010 Paris · 01 40 36 13 10
www.forestier.fr
- FOSCARINI. www.foscarini.com
- FRAGONARD. 20, boulevard Fragonard, 06130 Grasse
04 92 42 34 34 · www.fragonard.com
- LAMPE GRAS. www.lampegras.fr
- LAMPE JIELDÉ. www.jielde.com
- MATHIEU LENORMAN. 31, rue de Beaune, 75007 Paris
01 42 60 69 82 · www.mathieu-lenorman.com
- LOFT DESIGN BY. www.loftdesignby.com
- MERCI. 111, boulevard Beaumarchais, 75001 Paris · 01 42 77 00 33
www.merci-merci.com
- MERCI GUSTAVE !. www.mercigustave.com
- MIS EN DEMEURE. 27, rue du Cherche-Midi, 75006 Paris
01 45 48 83 79 · www.misendemeure.fr
- MAISONS DU MONDE. www.maisonsdumonde.com
- PYLÔNES. www.pylones.com

- TÉO JASMIN. www.teojasmin.com

편집 매장

- ROCHE BOBOIS. www.roche-bobois.com
- STEINER. www.steiner-paris.com
- VITRA. www.vitra.com

장소

- HÔTEL JOYCE. 29, rue La Bruyère, 75009 Paris · 01 55 07 00 01
www.hotel-joyce-paris
- HÔTEL DU LOUVRE. Antananarivo, Madagascar
www.hotel-du-louvre.com
- LE KLAY CLUB. 4 bis, rue Saint-Sauveur, 75001 Paris · www.klay.fr
- LE 58 ET LE JULES VERNE. www.restaurants-toureiffel.com

그 외

- VINCENT GRÉGOIRE BUREAU DE STYLE NELLY RODI.
28, avenue de Saint-Ouen, 75018 Paris · 01 42 93 04 06
www.nellyrodi.com
- MAISON DE VENTES LUCIEN. 17, rue du Port, 94130 Nogent-sur-
Marne et 5, rue des Lions-Saint-Paul, 75004 Paris · 01 48 72 07 33
- SETE SOCIÉTÉ D'EXPLOITATION DE LA TOUR EIFFEL. 1, quai
de Grenelle, 75015 Paris · 01 44 11 23 44 · www.toureiffel.fr
- SOTHEBY'S. www.sothebys.com

크레딧

p. 10-11 : © Neurdein/Roger-Viollet ; p. 12 : © BHdV/Roger-Viollet ; p. 16 : Adem/Rapho ; p. 15 : © RMN (musée d'Orsay)/Hervé Lewandowski ; p. 17 : © Côté Paris/Nicolas Mathéus/ Laurence Dougier ; p. 18 : © Pierre Jahan/Roger-Viollet ; p. 20 : © Jean-Christophe Ballot ; p. 22 : © Olivier Hallot ; p. 25 : © plainpicture/Kitao ; p. 24 : © RMN (musée d'Orsay)/DR ; p. 23 : © Ministère de la culture – Médiathèque du patrimoine, dist. RMN/René-Jacques ; p. 26 : © Rue des Archives/RDA ; p. 30 : © RMN/Agence Bulloz ; p. 31 : © Artedia/Leemage ; p. 32 : © Jacques Ferrier architectures/photos Luc Boegly ; p. 33 : Jean Bernard/Leemage ; p. 34 : © Marc Riboud ; p. 35 : © RMN (musée d'Orsay)/Hervé Lewandowski ; p. 36 : © Rue des Archives/collection Grégoire ; p. 42 : © Photo 12 – Photosvintage ; p. 43 : Musée d'Orsay, dist. RMN/Alexis Brandt ; p. 41 : © SETE – Collection tour Eiffel ; p. 44 : © Artedia/Leemage ; p. 44 아래, 45 왼쪽 : © akg-images ; p. 45 오른쪽 : © RMN (musée d'Orsay)/Gérard Blot ; p. 47 : © akg-images ; p. 48 : Parisienne de Photo/Roger-Viollet ; p. 50 : © Collection centre Pompidou, dist. RMN/Georges Meguerditchian ; p. 51 : © Artedia/Leemage ; p. 52-53 : © akg/Bildarchiv/Steffens ; p. 54-55 : © Ministère de la culture – Médiathèque du patrimoine, dist. RMN/Marcel Bovis ; p. 56 : © RMN (musée d'Orsay)/DR ; p. 60 : © Aisa/Leemage ; p. 61 : © akg-images/Denise Bellon ; p. 65 : © Collection centre Pompidou, dist. RMN/Philippe Migeat ; p. 62 : © Jean-Christophe Ballot ; p. 66 : © Catherine Benas ; p. 67 : © RMN (musée d'Orsay)/DR ; p. 68 : RMN/Gérard Blot ; p. 69 : © Ministère de la culture – Médiathèque du patrimoine, dist. RMN/François Kollar ; p. 70 : RMN/Gérard Blot ; p. 73 : © Marc Riboud ; p. 74 : © Jean-Christophe Ballot ; p. 80 : © Courtesy Galerie Perrotin ; p. 83 : RMN (musée d'Orsay)/Madeleine Coursaget ; p. 84-85 : © Martine Camillieri ; p. 86-87 : © ADAGP, Banque d'images, Paris 2011 ; p. 78 : © Cuboimages/Leemage ; p. 89 : © Arup ; p. 90 : © Ministère de la culture – Médiathèque du patrimoine, dist. RMN/François Kollar ; p. 91 : © Artedia Leemage ; p. 92-93 : © Fabrice Ausset - Zoevox ; p. 94 : © Photo Josse/Leemage ; p. 96 : © Collection Sirot-Angel/Leemage ; p. 97 : © Artedia Leemage ; p. 99 : © Philippe Pacotte pour Cyril Durand-Behar Architectes ; p. 101 : © Myriam Babin pour Cyril Durand-Behar Architectes ; p. 105 : Hôtel Joyce © Agence Philippe Maidenberg ; p. 104 : © Photos Les Arts décoratifs, Paris/Roman Cieslewicz ; p. 102 : © Côté Paris/Nicolas Mathéus/Laurence Dougier ; p. 106 : © Côté Paris/Nicolas Mathéus/Laurence Dougier ; p. 108 : © photo Bielsa/Le Klay Club ; p. 107 : © photo Virgine Testemale ; p. 111 : © Marc Riboud ; p. 112-113 : © Côté Paris/Jean-Marc Palisse/Caroline Clavier ; p. 115 : © Dominique Millerou ; p. 117 : © photo Eric Laignel ; p. 118 : © photo Eric Laignel ; p. 119 : © Marc Riboud ; p. 120 : © photo Virgine Testemale ; p. 121 : © Collection centre Pompidou, dist. RMN/Georges Meguerditchian ; p. 122 : © photo Eric Laignel ; p. 125 : RMN (musée d'Orsay)/Madeleine Coursaget ; p. 126 : © Fabrice Ausset - Zoevox ; p. 130 : © Maison Magazine/Lisa Keome/Sophie Leclerc ; p. 131 : © De Biasi/MP/Leemage ; p. 134-135 : © photo Alex Prof it ; p. 136 : © Côté Paris/Nicolas Mathéus/Laurence Dougier ; p. 137 : © DCW/Angele ; p. 138-139 : © Maison du monde ; p. 140-141 : © Louis Monier/Rue des Archives ; p. 142 : © Olivier Hallot ; p. 146-147 : © EA + LLA architectes 5, rue de Crussol 75011 www.ea-lla.fr chargé du projet : Luca Landolf i architecte ; p. 148-149 : © Paul Ladouce/architecte : Maurice Padovani 27, bd Christophe Moncada 13015 Marseille www.padovani.fr ; p. 152-153 : DSW-Group, design Charles & Ray Eames/photo Marc Eggimann/© Vitra ; p. 154 : © Côté Paris/Nicolas Mathéus/Laurence Dougier ; p. 156 : © Olivier Hallot ; p. 157 : Wire Chair DKR-2, design Charles & ray Eames, 1951/photo Hans Hansen/© Vitra ; p. 158 : © Béatrice Kraft/Atelier 154 ; p. 159 : © Collection centre Pompidou, dist. RMN/Georges Meguerditchian ; p. 160 위 : © Mis en Demeure ; p. 161 : © Courtesy Galerie Patrick Seguin et Galerie Jacques Lacoste ; p. 162 위, p. 161 : Caroline Corbeau © photo Pierrick Tranchevent ; p. 162 아래 : © Du Bout du Monde ; p. 163 : © design Brodie Neill, Reverb Wire Chair, 2010/The Apartment Gallery (Londres) ; p. 164 : © photo Jean-François Rivière ; p. 165 : © Marc Riboud ; p. 167 : © Théo Baulig/Little Factory ; p. 166 : © Steiner ; p. 169 : Ch. Abbe sculpteur ; p. 168 : © Collection centre Pompidou, dist. RMN/Jean-Claude Planchet ; p. 170-171 : © Michel Gibert/Roche Bobois ; p. 173 : © Metal&Woods ; p. 176 : © Jean-Christophe Ballot ; p. 177 : © Jieldé ; p. 178 위 : © Béatrice Kraft/Atelier 154 ; p. 178 아래 왼쪽 : © Courtesy Lucien Paris ; p. 179 : © Bettman/

Corbis ; p. 178 아래 오른쪽 : © Ghislain Antiques ; p. 180 : © RMN (musée d'Orsay)/Hervé Lewandowski ; p. 181 : © Luxproductions.com ; p. 185 : © Collection CL/Kharbine Tapabor ; p. 184 위 : © Eric Emo/Parisienne de Photo/Roger-Viollet ; p. 184 아래 : © Béatrice Kraft/Atelier 154 ; p. 186 : © Béatrice Kraft/Atelier 154 ; p. 187 : © Maison du monde ; p. 188 : © RMN (musée d'Orsay)/Photographe inconnu ; p. 189 : © RMN (musée d'Orsay)/Photographe inconnu ; p. 191 : © Neurdein/Roger-Viollet ; p. 196 위 : © Galliera/Roger-Viollet ; p. 197 위 오른쪽, 197 아래 왼쪽 : Photo12/Association Muller Quenot RosheimÒ ; p. 196 아래 : © Courtesy Lucien Paris ; p. 197 위 왼쪽: © SETE – Collection tour Eiffel ; p. 196 중간, 196 아래 오른쪽 : © RMN (musée d'Orsay)/Hervé Lewandowski ; p. 198 : akg-images/Paul Almasy ; p. 199 : © akg-images/Denise Bellon ; p. 195 : © Lissac/Godong/leemage ; p. 200 : © Collection centre Pompidou, dist. RMN/ Georges Meguerditchian ; p. 201 : © Olivier Hallot ; p. 202 : © Janine Niepce/Roger-Viollet ; p. 207 : © Merci Gustave! ; p. 209 : © Metal&Woods ; p. 210 위 왼쪽 : © Rue des Archives/RDA ; p. 210 위 오른쪽 : © plainpicture/Johner ; p. 210 아래 왼쪽 : © Rue des Archives/CCI ; p. 210 아래 오른쪽 : akg-images/Paul Almasy ; p. 211 : © Rue des Archives/AGIP ; p. 212 : © Merci Gustave! ; p. 217 아래 왼쪽 : © Fleux ; p. 216 위 오른쪽 : akg/Science photo Library ; p. 216 아래 오른쪽 : © photo Feng Hai/Lady Dior ; p. 216 위 왼쪽 : © photo Fabrice Laroche ; p. 217 위 왼쪽, 아래 오른쪽 : © photo Olivier Mauffrey/Bourjois ; p. 217 위 오른쪽 : © Bonjour mon coussin! ; p. 216 아래 왼쪽 : © MontBlanc ; p. 221 : Castelbajac chez Lutèce ; p. 222 : Photographie J.-H. Lartigue © Ministère de la Culture - France/AAJHL ; p. 223 : © photo Coco Amardeil ; p. 224 : © photo Marc Trigalou ; p. 226 : © Teo Jasmin ; p. 227 : Kevin Mills/Fotolibra ; p. 228-229 : © Ministère de la culture – Médiathèque du patrimoine, dist. RMN/Roger Corbeau ; p. 230 : © Ministère de la culture – Médiathèque du patrimoine, dist. RMN/Sam Lévin ; p. 232 : © Marc Riboud ; p. 235 : © Rue des Archives/Varma ; p. 236 : Jean-Paul Goude ; p. 238 : © Bourjois ; p. 240 : © Photos Les Arts décoratifs, Paris/Jean-Paul Goude ; p. 243 : © Roger-Viollet ; p. 244-245 : Everland © L/B ; p. 247 : © Ministère de la culture – Médiathèque du patrimoine, dist. RMN/André Kertész ; p. 248 : © Frederic Bukajlo/JDD/Gamma ; p. 250 : © Rue des Archives/ AGIP ; p. 256 : © Stephane Cardinale/People Avenue/Corbis ; p. 257 : © Rue des Archives/ RDA ; p. 254 : © Rue des Archives/AGIP ; p. 258 : © Nicolas Tosi pour Elle Décoration ; p. 259 위 : © Getty Images ; p. 259 아래 : © photo Patrick Stable ; p. 260 위, 아래 왼쪽 : © Pataugas ; p. 261 : © RMN (musée d'Orsay)/DR ; p. 260 아래 오른쪽 : © photo Maison J.-P. Gaultier ; p. 262 : © WireImage ; p. 263 : © Jean-Christophe Ballot ; p. 264 : © Rue des Archives/AGIP ; p. 266 : © photo Dominique Maître ; p. 267 : © Serge Lutens, 1985 ; p. 268 : © Jean-Christophe Ballot.

DROITS D'AUTEURS © ADAGP, Paris 2011 : Marc Chagall p. 65 ; Fernand Léger p. 68, 70 ; Sophie Calle p. 80 ; Bernar Venet p. 86-87 / © DR : p. 56, 121, 159, 168, 169, 261, Blaise Cendrars p. 68, 83 / © Fonds Pierre Boucher : p. 200 / © Lacroix Olivier : p. 50 / © RMN – Gestion droits d'auteur : pp.228-229, 230, 247 / © RMN – Gestion droits d'auteur René-Jacques : p. 23 / © RMN – Gestion droits d'auteur François Kollar : pp. 69, 90 / © RMN – Gestion droits d'auteur Marcel Bovis : pp. 54-55 / © SETE/ EDF : p. 78 / © L&M Services B.V. The Hague 20110902 : Robert Delaunay p. 60.

글 **마르틴 뱅상** Martine Vincent

마르틴 뱅상은 프리랜서 기자로, 저서에는 플라마리옹 출판사에서 펴낸
『직물의 정신 *L'Esprit tissu*』, 『화이트 – 장식의 정신 *Blanc l'esprit déco*』,
『마롱 글라세 *Marrons glacés*』 등이 있다.

구성 **브리지트 뒤리외** Brigitte Durieux

브리지트 뒤리외는 기자를 본업으로 하고 있으며, 몇 해 전부터 산업 디자인의
역사에 심취해 있다. 라 마르티니에르 출판사에서 기 출간된 저서로는 『녹슬지 않는
톨릭스 체어 *Inoxydable Tolix*』, 『산업용 가구 *Le Mobilier industriel*』 등이 있으며
수차례 재판본이 출간됐다. 지금은 산업 디자인으로 만들어 낸 컬트 오브제
작품의 차후 카탈로그 출간을 위해 장기간 세심한 조사 작업 중이다.

옮긴이 **배영란**

한국외국어대학교 통번역대학원에서 순차 통역 및 번역 석사 학위를 받았고,
현재 전문 번역가로 활동 중이다. 옮긴 책으로는 『마주 보기』, 『미래를 심는 사람』,
『내 감정 사용법』, 『인간이란 무엇인가』, 『우리 안에 돼지』, 『실수 없이 제대로
사랑할 수 있을까』, 『세 개의 그림자』, 『불온한 생태학』 등이 있다.

에펠 스타일

글 마르틴 뱅상 **구성** 브리지트 뒤리외 **옮긴이** 배영란
발행인 홍지웅 **발행처** 미메시스
주소 경기도 파주시 문발로 253 파주출판도시 **대표전화** 031-955-4400
팩스 031-955-4405 **홈페이지** www.mimesisart.co.kr
Copyright (C) 미메시스, 2014, Printed in Korea.
ISBN 979-11-5535-013-3 03610 **발행일** 2014년 2월 25일 초판 1쇄

이 도서의 국립중앙도서관 출판시도서목록(CIP)은 e—CIP 홈페이지(http://www.nl.go.kr)에서 이용하실 수
있습니다(CIP제어번호: CIP2014000903).